Die Reihe „Schriften zum Föderalismus“
wird herausgegeben von

Prof. Dr. Frank Decker, Bonn
Prof. Dr. Roland Lhotta, Hamburg

Band 6

Hans-Jörg Schmedes

Der Bundesrat in der Parteiendemokratie

Aufgabe, Struktur und Wirkung der Länderkammer im föderalen Gefüge

Die Deutsche Nationalbibliothek verzeichnet diese Publikation in der Deutschen Nationalbibliografie; detaillierte bibliografische Daten sind im Internet über http://dnb.d-nb.de abrufbar.

ISBN 978-3-8487-5509-7 (Print)

ISBN 978-3-8452-9693-7 (ePDF)

1. Auflage 2019

Über dieses Buch

Der Föderalismus in Deutschland ist besser als sein Ruf. Gleiches gilt für den Bundesrat, über den die Länder an den politischen und administrativen Entscheidungen des Bundes mitwirken. Öffentlich wird indes vorwiegend die Vetomacht des Bundesrates thematisiert und problematisiert. Erst vor wenigen Wochen, am 20. Oktober 2018, warnte ein Kommentar in der Frankfurter Allgemeinen Zeitung wieder vor der Blockadekraft der Länder, die sich früher gerne gegen den Bund gerichtet habe, aufgrund der bunten Mischung von Koalitionen in den Ländern mittlerweile jedoch zunehmend zu einer Selbstblockade der Länderkammer führe. Es mag sein, dass beide Vorhaltungen das theoretisch existierende Blockadepotential des Bundesrates zutreffend beschreiben – in der Praxis der Gesetzgebung stimmt aber bislang weder die eine noch die andere Behauptung.

Der föderale Staatsaufbau der Bundesrepublik im Allgemeinen und die Verfahren des Bundesrates im Besonderen sind nicht ganz einfach nachzuvollziehen. Dies mag der Hauptgrund dafür sein, dass sich die mediale Auseinandersetzung mit der Länderkammer allzu gerne auf ihr parteipolitisches Blockadepotential konzentriert, vor allem aber reduziert. Zumindest war dies mein Eindruck, als ich zwischen 2010 und 2017 das Wirken des Bundesrates aus der Nähe beobachten und mit seiner öffentlichen Wahrnehmung vergleichen konnte, zunächst als Beschäftigter in der Landesvertretung von Rheinland-Pfalz, kurz darauf als Mitarbeiter der Landesvertretung von Baden-Württemberg.

Bereits zu Beginn dieser Zeit hatte ich die Überlegung, die formellen, insbesondere aber auch die informellen Rahmenbedingungen der Bund-Länder-Koordinierung zu Papier zu bringen. Eine Übergangsphase zwischen zwei Berufsstationen gab mir die Gelegenheit, Material hierfür zu sammeln und das Vorhaben in die Tat umzusetzen. Hieraus ergaben sich im Jahr 2017 Veröffentlichungen in der *Zeitschrift für Parlamentsfragen* und dem *Jahrbuch des Föderalismus 2017*. Die nun vorliegende Monographie erweitert, ergänzt und aktualisiert diese beiden Veröffentlichungen. Der Text reflektiert den Stand von Ende November 2018 und transportiert, sofern Meinungen in der Darstellung enthalten sind, ausschließlich meine persönliche Auffassung.

Meine Frau Anne hat mich immer wieder bestärkt und ermutigt, das Vorhaben anzugehen und das Manuskript auch wirklich abzuschließen. Hierfür wie für vieles andere bin ich ihr sehr dankbar.

Prof. Dr. Frank Decker hat das Projekt auf vielfältige Weise unterstützt und begleitet. Im Sommer 2018 hat er zudem eine erste Fassung des Manuskriptes redigiert und mit hilfreichen Anmerkungen versehen, von denen die nun vorliegende Fassung des Buches sehr profitiert hat. Gleiches gilt für zahlreiche hilfreiche Hinweise von Maria-Luise Löper. Beiden bin ich für ihre Hilfe dankbar. Ebenfalls danke ich dem Bundesrat, der durch einen Druckkostenzuschuss die Veröffentlichung des Buches erleichtert hat.

Hans-Jörg Schmedes | Berlin, 30. November 2018

Inhaltsverzeichnis

Übersichts- und Tabellenverzeichnis

1 Föderalismus in Deutschland: Politisch zu bunt?

Beschäftigen sich die Medien mit der Zusammenarbeit zwischen dem Bund und den Ländern im Allgemeinen und dem Zusammenspiel zwischen Deutschem Bundestag, Bundesrat und Bundesregierung im Besonderen, wird häufig gerade die im Grundgesetz angelegte Verschränkung und Balancierung der öffentlichen Gewalten sowie die daraus resultierende Verlangsamung von Entscheidungsprozessen problematisiert. Vor allem in Zeiten divergenter Mehrheitsverhältnisse zwischen Bundestag und Bundesrat kommt die Sorge vor rein parteitaktisch motivierten Blockaden der Länderkammer hinzu, die dem Bundesrat in der öffentlichen Wahrnehmung eine eher negative Konnotation verleiht (vgl. Lhotta 2003: 17). Die Wunschvorstellung, dass Bundesregierungen in Deutschland „durchregieren" können müssen, scheint sich gerade unter den journalistischen Beobachtern des deutschen Politikbetriebs wacker zu halten. Dass „Rot-Rot-Grün die Kanzlerin nachhaltig fesselt", stellte beispielsweise Robert Roßmann (2013) in einem Kommentar in der Süddeutschen Zeitung zwei Tage nach der niedersächsischen Landtagswahl Ende Januar 2013 fest. Die Wahl hatte nicht nur die Amtszeit der schwarz-gelben Landesregierung beendet und eine rot-grüne Regierung ins Amt gebracht, sondern dadurch den drei damaligen Bundestags-Oppositionsparteien von SPD, Bündnis 90/ Die Grünen und Die Linke auch erstmals wieder eine eigenständige Mehrheit im Bundesrat beschert. Mit dieser Mehrheit könne Rot-Rot-Grün nun alle Gesetzentwürfe der Bundesregierung blockieren, was laut Roßmann (2013) die „Tektonik der Macht in Deutschland" verändere: „Angela Merkel konnte schon lange nicht mehr durchregieren, jetzt kann sie nicht einmal mehr regieren." Auch wenige Tage nach der Bundestagswahl vom 24. September 2017 attestierte Robert Roßmann (2017) dem Bund-Länder-Gefüge die „Gefahr einer blockierten Republik" – nun allerdings nicht mehr durch gegenläufige Mehrheiten wie noch im Jahr 2013, sondern angesichts der Existenz von sieben Parteien im Deutschen Bundestag und insgesamt 13 parteipolitisch unterschiedlichen Koalitionsarrangements in den 16 Ländern durch eine komplexe parteipolitische Vielfalt, die es immer schwieriger mache, Mehrheiten in Bundestag und Bundesrat zu organisieren (vgl. auch Decker 2018: 121-147). Ähnlich argumentiert Jasper von Altenbockum am 20. Oktober 2018 in einem Kommentar in der Frankfurter Allgemeinen Zeitung (FAZ 2018): Er sieht den Bundesrat angesichts seiner wachsenden parteipolitischen Vielfalt, die dazu führe, dass Enthaltungen überhandnähmen und Beschlüsse der Länderkammer deshalb schwieriger zustande kämen, in einer Selbstblockade, die zu einem Machtverlust der Länder führe. Um diesem zu entkommen, sei eine „Reform der Mehrheitsbildung" notwendig, so die Schlussfolgerung des Kommentars.

Die Debatte um eine parteitaktisch motivierte Politisierung des Bundesrates, die einem effektiven und effizienten Regieren des Landes vermeintlich entgegensteht, ist zwar nicht ganz so alt wie das Grundgesetz und das in ihm geregelte Institutionengefüge des deutschen Regierungssystems, wurde aber seit 1969 unter unterschiedlichen Vorzeichen mehrfach öffentlich geführt (vgl. Jahn/ Herzog 1976). Von 1949 bis zum Amtsantritt der sozial-liberalen Koalition unter Bundeskanzler Willy Brandt im Herbst 1969 stimmten die parteipolitischen Mehrheitsverhältnisse zwischen Bundestag und Bundesrat weitgehend überein. Unter den vorangehenden Kanzlerschaften von Konrad Adenauer, Ludwig Erhard und Kurt Georg Kiesinger gab es insbesondere keine parteipolitisch gegenläufigen Mehrheiten zwischen beiden Verfassungsorganen. Diese Konstellation existierte erstmals ab Juni 1972, als sich die von SPD und FDP gestellte Regierungsmehrheit im Bundestag einer Mehrheit der Unionsparteien im Bundesrat gegenübersah (vgl. Wollmann 1991: 562; Stüwe 2004: 27). Noch vor der Kanzlerwahl Willy Brandts im Bundestag am 21. Oktober 1969 kündigte der damalige CDU-Vorsitzende Kurt Georg Kiesinger öffentlich an, die Länderkammer nunmehr zu einem weiteren Instrument der Bundestags-Opposition werden zu lassen, worin Vertreter von SPD und FDP einen Missbrauch des Bundesrates wähnten (vgl. Laufer 1970: 318-319).

Zwischenzeitlich ist der Bundesrat in seiner parteipolitischen Zusammensetzung deutlich vielfältiger und damit „bunter" geworden, insbesondere in den vergangenen Jahren. Verantwortlich hierfür zeichnen die gestiegene Pluralisierung, Fragmentierung und Ausdifferenzierung der Parteiensysteme in den Ländern, die auch Auswirkungen auf die Regierungsbildungen in den Ländern und damit auf die Zusammensetzung des Bundesrates nach sich gezogen haben. Während zu Beginn der 17. Wahlperiode des Deutschen Bundestages im Herbst 2009 unter den 16 Landesregierungen neun unterschiedliche Regierungskonstellationen existierten mit einer parteipolitischen Mehrheit in der Länderkammer von 37 Stimmen aus CDU/ CSU und FDP, die zu dieser Zeit auch im Bund die Regierung stellten (vgl. Übersicht 2), regieren in den Ländern mit Stichtag 30. November 2018 mittlerweile 13 unterschiedliche Parteikonstellationen, die auch den Bundesrat in seiner Zusammensetzung entsprechend vielfältig werden lassen. In keinem Land ist es einer Partei zu diesem Zeitpunkt mehr möglich, alleine zu regieren. In elf Ländern sind derzeit Zwei-Parteien-Regierungen im Amt, darunter zwei rot-grüne (Bremen und Hamburg), zwei schwarz-rote (Sachsen und Saarland), zwei rot-schwarze (Mecklenburg-Vorpommern und Niedersachsen), eine schwarz-gelbe (Nordrhein-Westfalen) eine rot-rote (Brandenburg), eine schwarz-grüne (Hessen), eine grün-schwarze (Baden-Württemberg) und eine schwarz-orange[1] Regierung (Bayern). Zudem existieren in fünf Ländern Drei-Parteien-Koalitionen, darunter eine rot-gelb-grüne (Rheinland-Pfalz), eine schwarz-rot-grüne (Sachsen-Anhalt), eine schwarz-grün-gelbe (Schleswig-Holstein) sowie eine rot-rot-grüne unter Führung der SPD (Berlin) und eine rot-rot-grüne unter Führung der Partei Die Linke (Thüringen). Nur vier Länder werden von SPD und Union gemeinsam regiert, so dass lediglich 16 Stimmen in der Länderkammer dem parteipolitischen Lager der Großen Koalition auf Bundesebene entsprechen. Und der Reihe der Ministerpräsidenten von Union und SPD ist mit dem baden-württembergischen Regierungschef im Jahr 2011 ein Vertreter von Bündnis 90/ Die Grünen und mit dem thüringischen Regierungschef im Jahr 2014 ein Mitglied der Partei Die Linke hinzugekommen, wie der folgenden Übersicht 1 entnommen werden kann.

1 Mit der „orangen" Partei im Falle Bayerns ist die Partei der Freien Wähler gemeint.

Übersicht 1: Mehrheitsverhältnisse im Bundestag, Bundesrat und Vermittlungsausschuss im Herbst 2018 (Stichtag: 30.11.2018)

Zusammensetzung Deutscher Bundestag

CDU/ CSU	SPD	AfD	FDP	Die Linke	B 90/ Die Grünen	fraktionslos	Gesamtzahl
246	153	92	80	69	67	2	709

Bundestagswahl am 24.09.2017, Konstituierung des 19. Deutschen Bundestages am 24.10.2017, Regierungsbildung am 14.03.2018 zwischen CDU/ CSU und SPD bei absoluter Mehrheit der Koalitionsfraktionen mit 399 von 709 Mandaten (absolute Mehrheit: 355 Mandate, Zweidrittelmehrheit: 473 Mandate).

Zusammensetzung Bundesrat

Land	Stimmen	Regierungsparteien (MP-Partei erstgenannt)			Datum letzte Landtagswahl	Vermittlungsausschuss
Baden-Württemberg (BW)	6	B 90/ Die Grünen	CDU		13.03.2016	B 90/ Die Grünen
Bayern (BY)	6	CSU	Freie Wähler		14.10.2018	CSU
Berlin (BE)	4	SPD	Die Linke	B 90/ Die Grünen	18.09.2016	SPD
Brandenburg (BB)	4	SPD	Die Linke		14.09.2014	SPD
Bremen (HB)	3	SPD	B 90/ Die Grünen		10.05.2015	SPD
Hamburg (HH)	3	SPD	B 90/ Die Grünen		15.02.2015	SPD
Hessen (HE)	5	CDU	B 90/ Die Grünen		28.10.2018	CDU
Mecklenburg-Vorpommern (MV)	3	SPD	CDU		04.09.2016	SPD
Niedersachsen (NI)	6	SPD	CDU		15.10.2017	SPD
Nordrhein-Westfalen (NW)	6	CDU	FDP		14.05.2017	CDU
Rheinland-Pfalz (RP)	4	SPD	FDP	B 90/ Die Grünen	13.03.2016	SPD
Saarland (SL)	3	CDU	SPD		26.03.2017	CDU
Sachsen (SN)	4	CDU	SPD		31.08.2014	CDU
Sachsen-Anhalt (ST)	4	CDU	SPD	B 90/ Die Grünen	13.03.2016	CDU
Schleswig-Holstein (SH)	4	CDU	B 90/ Die Grünen	FDP	07.05.2017	CDU
Thüringen (TH)	4	Die Linke	SPD	B 90/ Die Grünen	14.09.2014	Die Linke

In der Spalte „Vermittlungsausschuss" ist die Parteizugehörigkeit des ordentlichen Mitglieds des Landes im Vermittlungsausschuss angegeben.

Stimmenzahl insgesamt: 69 Stimmen, Mehrheit: 35 Stimmen, Zweidrittelmehrheit: 46 Stimmen

Regierungslager (BY, MV, NI, SL, SN): 22 Stimmen, Oppositionslager: 0 Stimmen, gemischtes Lager (BW, BE, BB, HB, HH, HE, NW, RP, ST, SH, TH): 47 Stimmen

A-Länder: 18 Stimmen (BE, BB, HB, HH, TH), B-Länder (BY, NW): 12 Stimmen, neutrale Länder (BW, HE, MV, NI, RP, SL, SN, ST, SH): 39 Stimmen

Stimmen unter „Parteikontrolle": SPD: 42 Stimmen, CDU/ CSU: 47 Stimmen, B 90/ Die Grünen: 37 Stimmen, Die Linke: 12 Stimmen, FDP: 14 Stimmen; Freie Wähler: 6 Stimmen

Zusammensetzung Vermittlungsausschuss

Mitglieder des Deutschen Bundestages

CDU/ CSU	SPD	AfD	FDP	Die Linke	B 90/ Die Grünen	Mitglieder BT insgesamt
6	3	2	2	2	1	16

Mitglieder des Bundesrates

CDU/ CSU	SPD	Die Linke	B 90/ Die Grünen	Mitglieder BR insgesamt
7	7	1	1	16

Mitglieder insgesamt

CDU/ CSU	SPD	Die Linke	AfD	FDP	B 90/ Die Grünen	Mitglieder VA insgesamt
13	10	3	2	2	2	32

Von den insgesamt 32 Stimmen sind 23 Stimmen zugehörig zum Regierungslager und 9 Stimmen zugehörig zum Oppositionslager.

Stichtag: 30. November 2018, Redaktionsschluss dieses Buches. Infolge der Landtagswahl am 28. Oktober 2018 in Hessen verhandeln CDU und Bündnis 90/ Die Grünen zu diesem Zeitpunkt über die Fortsetzung einer Koalitionsregierung für die neue Wahlperiode des hessischen Landtages, die am 18. Januar 2019 beginnt.

Quellen: Angaben von Referat Z 4 (Dokumentation) des Sekretariats des Bundesrates, eigene Recherchen im Datenhandbuch zur Geschichte des Deutschen Bundestages (https://www.bundestag.de/dokumente/parlamentsarchiv/datenhandbuch) und auf der Internetseite des Vermittlungsausschusses (www.vermittlungsausschuss.de) sowie Bundeswahlleiter (2018: 5) und Feldkamp (2018).

Die gestiegene Pluralisierung, Fragmentierung und Ausdifferenzierung der Parteiensysteme in den Ländern ist als Ergebnis von zwei sicherlich zusammenhängenden Entwicklungen zu betrachten. Zum einen hat sich durch den Einzug der rechtspopulistischen AfD in mittlerweile alle 16 Landtage und den Bundestag das Parteiensystem um eine weitere politische Kraft erweitert. Darüber hinaus unterliegen die Wahlergebnisse der anderen Parteien in vielen Ländern immer größeren Schwankungen, in deren Folge die Volksparteien bei vielen Wahlen an Zustimmung verloren und Parlamentsmandate eingebüßt haben, die kleineren Parteien sich hingegen stabilisieren oder Stimmenanteile hinzugewinnen konnten. Beide Entwicklungen zusammen, der Einzug der AfD in die Parlamente und die stärkemäßige Annäherung der übrigen Parteien, führen dazu, dass die Koalitionsmuster in den Ländern zunehmend voneinander abweichen. Auch wird die Bildung von Koalitionsregierungen aus zwei Parteien zunehmend schwieriger und lässt sich in einzelnen Ländern nur noch über Parteienbündnisse realisieren, die über unterschiedliche ideologische Lager hinweg geschlossen werden (vgl. Decker/ Ruhose 2018), wie man etwa an dem grün-schwarzen Regierungsbündnis in Stuttgart und der schwarz-grünen Regierung in Hessen sehen kann. In mittlerweile bereits fünf Ländern hat die Entwicklung zudem zur Bildung von Koalitionen aus drei Parteien geführt, teilweise ebenfalls über ideologische Lager hinweg, wie die etwa die schwarz-rot-grüne Koalition in Magdeburg, das rot-gelb-grüne Bündnis in Mainz oder die schwarz-grün-gelbe Regierung in Kiel belegen.[2]

Teilen der Bundesregierung ist diese Zusammensetzung der Länderregierungen und damit auch des Bundesrates wohl „zu bunt", wie die Überschrift eines Artikels aus der Süddeutschen Zeitung vom Herbst 2016 nahelegt (vgl. Roßmann 2016). Entsprechend unternahm der damalige Bundesfinanzminister Wolfgang Schäuble Ende September 2016 im Rahmen der Verhandlungen zur Neuregelung der Bund-Länder-Finanzbeziehungen als 14. von 15 „Maßnahmen für die Verbesserungen der Aufgabenerledigung im Bundesstaat" einen Vorstoß, die Beschlussfassung im Bundesrat zu modifizieren. Im Jahr 2008, seinerzeit noch als Bundesinnenminister, hatte Schäuble im Zusammenhang mit einer Auseinandersetzung zwischen dem Bund und den Ländern über eine Änderung des Bundeskriminalamtgesetzes (vgl. Cecere 2011: 63-64) eine ähnliche Forderung erhoben, obgleich die parteipolitischen Mehrheiten damals noch gleichlaufend waren (vgl. Leunig 2011: 199; Decker 2009: 16; Best 2018: 33; FAZ 2008). Schäubles Überlegungen zufolge sollten bei Abstimmungen in der Länderkammer Enthaltungen nicht mehr als Nein-Stimmen gewertet werden. Im Ergebnis sollte der Bundesrat seine Beschlüsse mit einfacher und nicht mehr mit absoluter Mehrheit seiner Stimmen fassen, wohingegen es bei der Anrufung des Vermittlungsausschusses oder der Einlegung eines Einspruchs bei dem Erfordernis der absoluten Mehrheit bleiben sollte. Die Stoßrichtung Schäubles war damit klar: Die Mitwirkungsmöglichkeiten der Länder in der Gesetzgebung sollten geschwächt, die Position des Bundes hingegen gestärkt werden. Zwar spielte diese Forderung im Rahmen der weiteren Verhandlungen zwischen Bund und Ländern um die Neuordnung ihrer Finanzbeziehungen keine besondere Rolle (vgl. Funk 2016d), doch belegt der Vorstoß, wie sehr das Schreckgespenst einer angeblich blockierten Republik den Berliner Politikbetrieb nach wie vor umtreibt.

---

2 Vgl. Decker (2018: 121-147) für eine ausführliche Analyse der Entwicklung des Parteiensystems vor und nach der Bundestagswahl 2017.

Auch die Politikwissenschaft hat dem deutschen Föderalismus immer wieder eine hohe Blockadeanfälligkeit und Reformunfähigkeit attestiert. Fritz W. Scharpf (1985: 325) fokussiert mit seiner Analyse der „Politikverflechtungsfalle", der zufolge „die Ausübung der Bundeskompetenzen faktisch von den Regierungen der Länder abhängig" sei, auf die Neigung des politischen Institutionengefüges der Bundesrepublik zur Selbstblockade. Konkurrenz zwischen den Parteien erzeuge gemeinsam mit der föderalen Politikverflechtung „eine Form der antagonistischen Kooperation, die [...] zum politischen Immobilismus tendiert", so Scharpf (1989: 132), was einer effektiven Erfüllung öffentlicher Aufgaben und effizienten Entscheidungen entgegenstehe. Auch Gerhard Lehmbruch (2000: 9) schrieb die Gefahr von Blockaden im deutschen Föderalismus vor allem dem Aufeinandertreffen der auf Konkurrenz beruhenden Handlungslogik des Parteiensystems und der kooperativen Handlungslogik des föderalen Systems zu, das einen „Strukturbruch" im politischen System Deutschlands darstelle.

Das hieraus resultierende Blockadepotential des deutschen Föderalismus ist in der politikwissenschaftlichen Forschung hinsichtlich unterschiedlicher Auswirkungen auf Politikergebnisse, aber auch auf den Prozess der Politikformulierung untersucht worden. Die Möglichkeit der Länderkammer zu politisch motivierten Blockaden müsse sich nicht notwendigerweise nur im Scheitern von Gesetzesvorhaben niederschlagen, sondern könne schon alleine durch eine Androhung ablehnender Beschlussfassungen auch zu einer längeren Dauer von Gesetzgebungsverfahren, einer Häufung von Anrufungen des Vermittlungsausschusses oder gar einer gesetzgeberischen Selbstbeschränkung führen, der zufolge eine Bundesregierung die inhaltlichen Positionen der Opposition bereits in der Politikformulierung antizipiert und nur solche Gesetzgebungsvorhaben initiiert, für die sie eine Mehrheit in Bundestag und Bundesrat erwarten kann (vgl. Strohmeier 2004: 729; Burkhart/ Manow 2006: 808-813; Burkhart 2008: 95-160; Benz 2009: 107-110; Strünck 2012: 9). Vor diesem Hintergrund wurde auch die Frage einer Reform der Abstimmungsregeln im Bundesrat und deren Auswirkungen auf das Verhältnis der Verfassungsorgane in der Gesetzgebung untersucht (vgl. Decker 2000: 208-215; Decker 2009; Best 2018). Ausgangspunkt dieser Überlegungen war einerseits, die Gefahr parteitaktisch motivierter Blockaden durch die Länderkammer zu reduzieren. Andererseits sollte mit einer Neuregelung, die etwa auf einen Übergang von der absoluten zur relativen Mehrheit oder auch eine Umkehr der Abstimmungsfrage in der Länderkammer hätte hinauslaufen können, auf das Problem der Stimmenthaltungen reagiert werden, das dann virulent wird, wenn sich Koalitionsregierungen in den Ländern bei strittigen Gesetzesvorhaben nicht auf eine einheitliche Stimmabgabe verständigen können, die daraus resultierende Enthaltung jedoch wie eine Nein-Stimme wirkt. Je höher der Anteil der Länderregierungen, in denen sowohl Regierungs- wie Oppositionsparteien des Bundestages vertreten sind, desto größer die Gefahr von Pattsituationen und Blockaden, so die zugehörige Argumentation (vgl. Decker 2009; Strünck 2012: 9; Decker 2018: 109-110).

Infolge des in Deutschland integrierten und hochgradig zentralisierten Parteiensystems sowie der parteipolitischen Zusammensetzung der Länderkammer existieren einerseits vielfache Wechselwirkungen zwischen dem Verhalten der im Bundesrat vertretenen Landesregierungen und dem Parteienwettbewerb auf der Ebene des Bundes und der Länder (vgl. Jun 2011: 107). Die enge Verflechtung von Parteien und Staat in der „Parteiendemokratie" (vgl. Decker 2013; Decker 2018: 85-119; Strünck 2012: 6-10), in der „die Parteien die von den verschiedenen Verfassungsorganen ‚offiziell' ausgeübte Regierungsmacht [überlagern]" (Decker 2018: 86), wird in der Länderkammer und dem durch sie verkörperten Spannungsverhältnis zwischen parlamentarischer Konkurrenz- und bundesstaatlicher Verhandlungsdemokratie auf besondere Weise deutlich. Andererseits wird an vielen Stellen betont, dass sich das Miteinander von Bund und Ländern, das sich auch außerhalb des formellen Gesetzgebungsverfahrens auf zahlreiche, unterschiedlich stark formalisierte Formen der Zusammenarbeit erstreckt, in der Staatspraxis durchaus bewährt und als handlungsfähig erwiesen habe, mitunter auch unter hohem Zeitdruck. Unterstrichen wird von Beobachtern des politischen Systems zudem die Herausbildung konsensdemokratischer Praktiken in Zeiten von gegenläufigen parteipolitischen Mehrheiten in Bundestag und Bundesrat (vgl. etwa Rudzio 2019: 264), woran gerade auch das bundesstaatlich organisierte Parteiensystem mit seinen Zentralisierungstendenzen erheblichen Anteil habe. Frank Decker (2011a; 2013: 311) und Klaus von Beyme (2017: 383) sprechen in diesem Zusammenhang treffend vom „Parteienbundesstaat". Auch der deutsch-amerikanische Politologe Peter J. Katzenstein bescheinigte dem Zusammenwirken der Strukturelemente des deutschen Regierungssystems im Ergebnis eine hohe politische Kontinuität mit einer Präferenz für bestenfalls inkrementellen Politikwandel. Die Ausübung staatlicher Macht sei in Deutschland durch zahlreiche institutionelle Strukturen „gezähmt", so dass man den Staat als „semi-souverän" bezeichnen könne (Katzenstein 1987: 10). Als entscheidende institutionelle Faktoren machte Katzenstein neben dem Parteiensystem unter anderem auch die in Deutschland gelebte Praxis des kooperativen Föderalismus aus (vgl. hierzu auch Scharpf 1989: 123-132).

Diese Praxis hob auch der damalige Bundespräsident Joachim Gauck am 27. November 2015 in einer Feierstunde im Bundesrat zum 25. Jahrestag der ersten Sitzung des Bundesrates mit Vertretern aller 16 Länder nach der Wiedervereinigung hervor und unterstrich, der Bundesrat habe in seiner praktischen Arbeit eine Reihe von Vorurteilen widerlegt und stehe für eine politische Kultur, die auf „Abwägung, Kompromissfindung und Ausgleich" (vgl. Gauck 2015) abziele. Und weiter: „Das macht Entscheidungen manchmal etwas mühsamer und dämpft die Ausschläge des politischen Pendels. Manche nennen das Schwerfälligkeit. Man kann aber auch Maß und Mitte dazu sagen. Und das sind Werte, die unserem Land gut tun – gerade auch in bewegten Zeiten, wie wir sie heute erleben."

Dem Bundesrat, der zentralen Institution des deutschen Föderalismus, wird weit weniger öffentliche Aufmerksamkeit zuteil als dem Deutschen Bundestag und seinen Mitgliedern. Die Gründe hierfür mögen vielfältiger Natur sein, aber zweifellos dürfte die in der Außensicht hochformalisiert und undurchsichtig sowie komplex und intransparent erscheinende Arbeitsweise der Länderkammer einen großen Anteil hieran haben. Markus Wehner (2014) charakterisierte den Bundesrat beispielsweise im Jahr 2014 in der Frankfurter Allgemeinen Sonntagszeitung als „undurchsichtig", „steril", „verschroben" und „skurril". Zur Stabilität der Republik trage er zwar vieles bei, so Wehner in seinem Fazit, aber nicht zur Popularität des Föderalismus, denn „[u]ndurchsichtiges ist selten sympathisch".

Mit dieser Kritik der mangelnden Transparenz des Bundesrats greift Wehner auf, was auch Mitglieder der Länderkammer selbst zu unterschiedlichen Zeitpunkten geäußert haben. Für Außenstehende seien die „Verfahren und Abläufe im Bundesrat [...] oft schwer oder gar nicht verständlich", gab etwa der baden-württembergische Ministerpräsident Winfried Kretschmann am 2. November 2013 in seiner Antrittsrede als Bundesratspräsident zu Protokoll.[3] Er warb unter anderem dafür, die Abstimmungsverfahren „transparenter und nachvollziehbarer [zu] gestalten", damit die Länderkammer „als Ort lebendiger, sachorientierter Diskussionen und politischer Entscheidungen" stärker hervortrete. Einer seiner Nachfolger im Amt des Bundesratspräsidenten, der hessische Ministerpräsident Volker Bouffier, wandte sich in der Bundesratssitzung vom 6. März 2015 inmitten einer umfangreichen Abstimmung zu einzelnen Ziffern der Ausschussempfehlungen zu einer Verordnungsvorlage der EU direkt an die „Damen und Herren insbesondere auf der Besuchertribüne" und versuchte zu erklären, was sich da gerade im Plenum abspielte, denn „das kann ja niemand von

3 Vgl. Plenarprotokoll der 902. Sitzung des Bundesrates am 2. November 2012: 470.

Ihnen nachvollziehen".[4] Zuletzt warb der schleswig-holsteinische Ministerpräsident Daniel Günther am 23. November 2018 in seiner Antrittsrede als Bundesratspräsident für mehr Transparenz in der Arbeit des Bundesrates.[5] Seine Mitglieder sollten „in Teilen auch die Arbeitsweise unserer Länderkammer überdenken", denn diese müsse „mit den Ansprüchen eines komplexer gewordenen Föderalismus mithalten" können, damit der Bundesrat „Ausweis eines lebendigen und selbstbewussten Föderalismus bleibt". In diesem Zusammenhang regte Günther auch an, technische Möglichkeiten besser zu nutzen, „zum Beispiel elektronische Abstimmung statt Handauszählung".

Ziel der nachfolgenden Ausführungen ist es, Rolle und Tätigkeit des Bundesrates im Institutionengefüge des deutschen Regierungssystems zu beleuchten und dadurch die als undurchsichtige geltende Institution mit ihren komplex anmutenden Entscheidungsverfahren etwas transparenter werden zu lassen. Nach einer Übersicht über die Rolle des Bundesrates im deutschen Regierungssystem sowie die Ausgestaltung des föderalen Miteinanders in der Bundesrepublik sollen hierbei zunächst die administrativen Abläufe der Länderkammer sowie die Gesetzmäßigkeiten ihrer Entscheidungsfindung, insbesondere aber auch die informellen politischen Koordinationsstrukturen im Vorfeld von Entscheidungen des Bundesrates nachgezeichnet werden. Damit soll das institutionelle Arrangement zur Kompromissaushandlung und Entscheidungsfindung umrissen werden, über das die Politik in Deutschland den Interessensausgleich zwischen dem Bund und den Ländern sowie den gegebenenfalls auseinanderfallenden politischen Mehrheiten auf den verschiedenen staatlichen Ebenen herbeiführt.

Ferner analysiert die Darstellung die zwischen dem Bundestag und dem Bundesrat konfliktären Gesetzesvorhaben in der 17. und der 18. Wahlperiode des Deutschen Bundestages in den Jahren 2009 bis 2017 und geht der Frage nach, inwieweit das Schreckgespenst einer durch nicht deckungsgleiche Mehrheitsverhältnisse in beiden Organen blockierten Republik dabei tatsächlich in Erscheinung trat. Das Blockadepotential des Bundesrates soll dabei anhand der in beiden Legislaturperioden abschließend an einer Zustimmungsversagung der Länderkammer gescheiterten Gesetze eruiert werden. Hierfür wird in den Kapiteln 8.2 und 8.3 ausführlich beschrieben, welche Gesetze in beiden Wahlperioden an einer Zustimmungsversagung der Länderkammer abschließend gescheitert sind und inwiefern hierfür

---

4 Vgl. Plenarprotokoll der 931. Sitzung des Bundesrates am 6. März 2015: 85-86.
5 Vgl. Plenarprotokoll der 972. Sitzung des Bundesrates am 23. November 2018: 408.

parteitaktische Gründe ausschlaggebend gewesen sein könnten. Von Interesse ist hierbei insbesondere die Schlussphase der 17. Wahlperiode, in der tatsächlich gegenläufige parteipolitische Mehrheiten in Bundestag und Bundesrat wirkten.

Im Ergebnis wird zu sehen sein, dass das politische System Deutschlands in beiden Wahlperioden von seinem institutionellen Geflecht profitierte, das zahlreiche konsensdemokratische Praktiken hervorgebracht hat, durch deren Zusammenwirken auch in Zeiten unklarer oder gegenläufiger Mehrheiten sichergestellt wird, dass unterschiedliche Interessen ausgeglichen werden sowie vielfältige Erfahrungen und Fachwissen in die Gesetzgebung einfließen. Insofern kann man im Untersuchungszeitraum und hier insbesondere auch in der von konträren Mehrheiten geprägten Schlussphase der 17. Wahlperiode, in die die Mehrzahl der Vermittlungsverfahren des Untersuchungszeitraumes gefallen ist, schwerlich von einer Blockade durch die Länderkammer sprechen. Zwar fanden in der 17. Wahlperiode zahlreiche Vermittlungsverfahren statt, doch kam, wie die Analyse zeigen wird, nur eines von insgesamt 544 Gesetzesvorhaben aufgrund einer Zustimmungsverweigerung der Länderkammer abschließend nicht zustande, was einer Ablehnungsquote von weniger als 0,2 Prozent entspricht. In der 18. Wahlperiode versagte der Bundesrat insgesamt vier von 555 Gesetzen sein Placet, so dass die Ablehnungsquote zwar leicht anstieg, aber mit rund 0,72 Prozent immer noch unter einem Prozent verblieb und somit ebenfalls äußerst gering ausfiel.

2 Der Bundesrat im Institutionengefüge der Bundesrepublik: Ein vertikales Element in der horizontalen Gewaltenverschränkung

Politische Systeme, die an dem Ideal des liberaldemokratischen Verfassungsstaates orientiert sind, verfolgen das Ziel, einer zu starken Machtkonzentration entgegenzuwirken und unterschiedliche Institutionen an politischen Willensbildungs- und Entscheidungsprozessen teilhaben zu lassen, was diese deutlich verlangsamt. Neben der Aufteilung der Staatsgewalt zwischen Legislative, Exekutive und Judikative sind Föderalismus und ein starker Bikameralismus wichtige Elemente, um einer Machtkonzentration bei der Parlamentsmehrheit und der von ihr getragenen Regierung entgegenzuwirken (vgl. etwa Steffani 1962; Steffani 1997; Rudzio 2019: 255-266; Funk 2010: 27-34). In Deutschland wird die Einschränkung des Mehrheitsprinzips, die als antitotalitärer Grundzug auf das im Grundgesetz beschriebene Institutionengefüge der Bundesrepublik eingewirkt hat, insbesondere durch den Bundesrat verkörpert (vgl. von Blumenthal 2010: 13). Durch ihn wirken entsprechend seiner verfassungsrechtlichen Aufgabenstellung in Artikel 50 des Grundgesetzes „die Länder bei der Gesetzgebung und der Verwaltung des Bundes und in Angelegenheiten der Europäischen Union mit", was den Ländern einen starken Einfluss auf die Willensbildungs- und Entscheidungsprozesse des Bundes sichert.

Vereinfachend gesprochen, zeichnet sich das deutsche Regierungssystem durch eine funktionale Aufgabenverteilung zwischen dem Bund und den Ländern aus, die darin besteht, dass die Gesetzgebungszuständigkeit in den meisten Fällen beim Bund liegt, die Gesetze aber durch die Länder vollzogen werden. Neben der horizontalen Gewaltenteilung zwischen der Legislative, der Exekutive und der Judikative sowie der vertikalen Kompetenzabgrenzung zwischen dem Bund, den Ländern und den Kommunen stellt diese funktionale Aufgabenverteilung bei der Setzung und dem Vollzug von Bundesrecht ein zentrales machtverschränkendes Element im deutschen Regierungsgefüge dar. Verstärkt wird die Machtverschränkung durch die Mitwirkung der Länderregierungen an der Gesetzgebung und der Verwaltung des Bundes über den Bundesrat, so dass man die Länderkammer als föderale Komponente des parlamentarischen Regierungssystems der Bundesrepublik ansehen kann. Das Ineinandergreifen der Verfassungsorgane Bundestag und Bundesrat lässt sich insbesondere daran ablesen, dass entsprechend der Festlegung von Artikel 43 Absatz 2 des Grundgesetzes die Mitglieder des Bundesrates sowie ihre Beauftragten zu allen Sitzungen des Deutschen Bundestages und seiner Ausschüsse Zutritt haben und jederzeit gehört werden müssen.

Mit dem Bundesrat verfügt das politische System Deutschlands über ein „einzigartiges Organ in der Welt“ (Eschenburg 1974: 15). Verfassungsrechtlich gesehen handelt es sich beim Bundesrat allerdings nicht um die gleichwertige zweite Kammer eines Parlaments, wie in vielen anderen parlamentarischen Zweikammersystemen, und er war bei der Erarbeitung des Grundgesetzes durch den Parlamentarischen Rat auch nicht als eine solche vorgesehen (vgl. Reuter 2007: 170-178; Kropp 2010: 53; Decker 2011b; Kilper/ Lhotta 1996: 92-96). Zwar kommt er mit dem Initiativrecht und den Vetomöglichkeiten bei der Gesetzgebung einem Parlament nahe, aber die Weisungsgebundenheit seiner Mitglieder, die aus den Länderexekutiven stammen, sowie seine weitreichenden administrativen Kompetenzen unterstreichen eher den „halbparlamentarischen Charakter“ (von Beyme 2017: 380) des gouvernemental zusammengesetzten und exekutiv geprägten Verfassungsorgans (vgl. Ismayr 2009: 525-526; von Beyme 2017: 380-383). Unabhängig von seiner staatsrechtlichen Einordung wird er aufgrund seiner weitreichenden Befugnisse jedoch funktional vielfach als zweite Kammer des deutschen Parlaments angesehen und nimmt im internationalen Vergleich dieser zweiten Kammern eine relativ starke Rolle ein (vgl. Rudzio 2019: 256; Decker 2011a: 245; Leunig 2011).

Die Verabschiedung von Gesetzen und Rechtsverordnungen, durch die politische Entscheidungen ihre Wirkung entfalten können, erfolgt in Deutschland formell durch das vom Grundgesetz vorgeschriebene Zusammenwirken von Bundestag, Bundesrat und Bundesregierung, ist jedoch in mindestens dem gleichem Maße von der informellen Koordination unterschiedlichster Interessen von Bund und Ländern sowie von Parteien und Verbänden abhängig. Bei gleichlaufenden (partei-)politischen Mehrheiten im Bundestag und im Bundesrat scheint diese Koordination auf den ersten Blick einfacher zu sein, da so die Möglichkeit eines „Durchregierens“ existiert, die die konkurrenzdemokratischen Orientierungen des politischen Systems der Bundesrepublik verstärkt. Divergierende oder gar konträre parteipolitische Mehrheiten zwischen Bundestag und Länderkammer begünstigen hingegen konkordanzdemokratische Tendenzen des deutschen Regierungssystems, denn für das Zustandekommen von Gesetzen auf Bundesebene sind in diesem Arrangement Konzessionen auf Regierungs- wie auf Oppositionsseite notwendig, um unterschiedlichen Interessen und konkurrierenden Lösungsansätzen in den an der Mehrheitsfindung beteiligten politischen Lagern entgegenzukommen und diese zu einem Ausgleich zu bringen.

Die aus dieser Kompromissbildung resultierende Verlangsamung und Verkomplizierung des Entscheidungsprozesses, die mit der starken Rolle des Bundesrates im politischen Gefüge Deutschlands einhergeht, werden, wie eingangs erwähnt, in der Öffentlichkeit häufig problematisch bewertet, weil sie vermeintlich einer schnellen, effizienten und guten Regierungsführung entgegenstehen. Eine fehlende parteipolitische Mehrheit einer Bundesregierung im Bundesrat führt häufig zudem zu der öffentlich vorgetragenen Sorge vor rein parteitaktisch motivierten Blockadehaltungen der Länderkammer. Beteiligte an den Beratungsverfahren betonten hingegen insbesondere mit Blick auf die Umsetzung der zwischen Bund und Ländern ausgehandelten Gesetze, dass sich diese im Ergebnis nicht selten als belastbarer und wirksamer gezeigt haben (vgl. Funk 2015b). Schnelle politische Kursänderungen werden durch das politische Institutionengefüge zweifellos erschwert, haben jedoch in der Vergangenheit längerfristige Politikwechsel auch nicht verhindert, wie Wolfgang Ismayr (2009: 558) hervorhebt. Für die damalige Bundesratspräsidentin Malu Dreyer bewährt sich die föderale Struktur zudem „bei aller Schwerfälligkeit vielfach [als] Motor für Entwicklung", da sie durch den Ausgleich regionaler Interessen und unterschiedlicher politischer Richtungen die Chance biete, alle mitzunehmen, wie sie in ihrer Antrittsrede in der Länderkammer am 4. November 2016 unterstrich.[6]

Der sich in Abhängigkeit von den parteipolitischen Mehrheitsverhältnissen ergebene Wechsel zwischen eher konkurrenz- und eher konkordanzdemokratischen Phasen wird häufig als Besonderheit des deutschen Regierungssystems betrachtet (vgl. Ismayr 2009: 558). Gleichzeitig wird durch diese Besonderheit der Blick auf die Rolle von bundesweit agierenden Parteien und Interessengruppen gerichtet, die gerade in föderalen Staaten als „Vehikel des Zentralismus" (von Beyme 2017: 383; siehe auch Katzenstein 1987: 35-45) angesehen werden. Durch die bundesstaatliche Organisation der Parteien, die die Einbeziehung der Landesparteien in die Struktur ihrer Bundesparteien gewährleistet, wird im Regelfall eine enge organisatorische und personelle Verzahnung von Verantwortungsträgerinnen und Verantwortungsträgern auf Bundes- und auf Landesebene ermöglicht, etwa über die Mitgliedschaft von Landespolitikerinnen und Landespolitikern in den Vorständen und Präsidien ihrer jeweiligen Bundespartei (vgl. Jun 2011: 107-108). Auch finden föderale und landesspezifische Sichtweisen

6 Vgl. Plenarprotokoll der 950. Sitzung des Bundesrates am 4. November 2016: 433.

und Aspekte über die bundesstaatliche Organisation der Parteien Eingang in die jeweilige Parteiprogrammatik (vgl. Bäck/ Debus/ Klüver 2016; Jun 2011: 117). Im Ergebnis wirken bundesweit agierende Parteien, darunter insbesondere solche in Regierungsverantwortung, üblicherweise nach innen wie nach außen als konsensfördernde Vermittlungsinstitutionen und erweisen sich dadurch als wichtige „Bindeglieder zwischen Bundes- und Länderpolitik“ (Lehmbruch 2000: 82). Dies gilt insbesondere für die beiden Volksparteien, die vielfältigste Interessen in sich vereinen und über eine hohe Kompromissbereitschaft verfügen, was den Parteienwettbewerb in Deutschland in seiner Intensität begrenzt (vgl. Jun 2011: 125).

In Zeiten unterschiedlicher Mehrheitsverhältnisse zwischen Bundestag und Bundesrat nimmt zwar einerseits die parteipolitische Orientierung und Blockbildung zu, was die Willensbildungs- und Entscheidungsprozesse erheblich beeinflusst. Andererseits wirkt jedoch eine ganze Reihe von Faktoren einer rein parteipolitisch motivierten Blockadehaltung trotz „Politikverflechtungsfalle“ (vgl. Scharpf 1985) entgegen und befördert eher die im politischen System der Bundesrepublik angelegten „Züge einer Verhandlungsdemokratie“ (Rudzio 2019: 266; vgl. auch Lehmbruch 2000: 24-27). Verantwortlich hierfür sind im Wesentlichen drei Gründe:

Zum einen richtet eine Bundesregierung, die ihrerseits nicht nur an einer parteipolitischen Zuspitzung interessiert ist, ihre Gesetzgebung bereits in der Entstehung an den Mehrheitsverhältnissen im Bundestag und in der Länderkammer aus. Dies kann sie entweder tun, in dem sie sich in ihren Gesetzgebungsaktivitäten einer „legislativen Selbstbeschränkung“ (vgl. Burkhart/ Manow 2006: 822) unterwirft und Gesetzesvorhaben von vornherein kompromissorientiert ausarbeitet oder sich spätestens innerhalb der Gesetzgebungsverfahren als kompromissfähig erweist und belastbare Signale und Belege hierfür sendet. Auch kann sie „Paketlösungen“ schnüren und der Bundesratsmehrheit dadurch eine Zustimmung erleichtern, dass Regelungen, die von der Länderkammer mehrheitlich eigentlich abgelehnt oder zumindest nicht unterstützt werden, mit populären, dringend erforderlichen oder für die Länder politisch wünschenswerten Vorhaben verbunden werden.

Zweitens brächte eine rein parteipolitisch-taktisch motivierte, möglicherweise über längere Zeit anhaltende Blockadehaltung der Länderkammer, die sich vor der Öffentlichkeit auch nur schwerlich als eine solche verbergen ließe, die Länder beziehungsweise einzelne, entsprechend wirkende Parteien unter öffentlichen Rechtfertigungsdruck für ihr Zustimmungsversagen und hierüber womöglich in ein Legitimationsdefizit ihres Verhaltens (vgl. Rudzio 2019: 266).

Drittens sind es ganz unterschiedliche Spannungslinien, die die Interessenlagen der Regierungen im Bund wie in den Ländern determinieren und damit das Verhalten der Länder und des Bundes innerhalb der Gesetzgebungsverfahren beeinflussen. Neben gouvernemental-administrativen Interessen gehören hierzu sicherlich auch Versuche der parteipolitischen Profilschärfung beim Streben nach Machterwerb und Machterhalt auf den unterschiedlichen staatlichen Ebenen, insbesondere in Wahlkampfzeiten. Ferner existiert eine Reihe objektiver Bund-Länder-Konflikte, die sich häufig etwa an Fragen der Finanzierung staatlicher Aufgaben oder der Bund-Länder-Finanzbeziehungen im Allgemeinen zwischen dem Bund auf der einen und, nicht selten, allen 16 Ländern auf der anderen Seite auftun – verschärft durch die ab dem Jahr 2019 geltende Schuldenbremse. Ebenfalls hierzu gehören Auseinandersetzungen um Kompetenzverteilungen zwischen dem Bund und den Ländern (vgl. Benz 2009: 112). Hinzu kommen spezifische Landesinteressen, die sich etwa aus den sozio-ökonomischen Rahmenbedingungen eines Landes, seinem kulturellen, geschichtlichen oder naturellen Erbe, seiner geographischen Lage oder auch besonderen technischen oder administrativen Gegebenheiten speisen können. Zum Interesse eines Landes gehört zugleich die politische Schwerpunktsetzung seiner Landesregierung, die naturgemäß die Definition des Allgemeinwohls sowie Abwägungen zwischen dem Allgemeinwohl und Einzelinteressen in Sachfragen ganz unterschiedlich ausfallen lassen kann. Landesinteressen lassen sich nicht unabhängig von politischen Erwägungen festlegen, sondern orientieren sich immer auch an den grundlegenden politischen Wertvorstellungen, denen die Regierung eines Landes und die sie tragenden Parteien verpflichtet sind und denen Ressortkonflikte zwischen einzelnen Fachministerien und damit die Zielkonflikte von Regierungshandeln insgesamt untergeordnet werden. Eine Landesregierung sieht sich bei der Festlegung ihres Abstimmungsverhaltens im Bundesrat somit immer einem Spannungsfeld zumeist nicht deckungsgleicher Interessen ausgesetzt, die eine Entscheidung allein nach parteipolitischen beziehungsweise parteitaktischen Erwägungen unwahrscheinlich werden lassen, aber diese natürlich nicht komplett ausschließen. Selbstverständlich gilt gleiches auch für die Bundesregierung und die sie tragende Bundestagsmehrheit, die sich, insbesondere im Vorfeld von Wahlen, natürlich auch von parteipolitischen Absichten bei der Erarbeitung von Gesetz- oder Verordnungsentwürfen lenken lassen können, darüber hinaus jedoch ebenfalls eine Vielzahl unterschiedlicher Faktoren und Interessen ihrem Agieren zugrunde zu legen und miteinander in Einklang zu bringen haben.

Insgesamt betrachtet illustrieren der Bundesrat und die in ihm agierenden Politiker das Spannungsverhältnis zwischen parlamentarischer Konkurrenzdemokratie und bundesstaatlicher Verhandlungsdemokratie. Im Weiteren wird zu sehen sein, mit welchen administrativen und politischen Koordinationsabläufen dieser „Strukturbruch" (Lehmbruch 2000: 9) in der Staatspraxis des föderalen Gefüges kontinuierlich zu kitten versucht wird. Zunächst wird jedoch kurz auf die Entstehung des föderalen Systems in Deutschland sowie Fragen der Kompetenzabgrenzung und der Zustimmungsbedürftigkeit im kooperativen Föderalismus eingegangen werden.

3 Föderalismus in Deutschland: Von den Fürstentümern des Mittelalters zum unitarischen Imperativ der Bundesrepublik

Der Föderalismus stellt in Deutschland eine historische Konstante des staatlichen Gefüges dar. In einer politisch-geschichtlichen Entwicklung kann das föderale Prinzip der Staatsorganisation bis weit ins Mittelalter zurückverfolgt werden (vgl. etwa Funk 2010: 17, 35-77; Reuter 2007: 1-25). Zwar wurde die bundesstaatliche Organisation Deutschlands in der Nazizeit zerschlagen, doch traten die föderalen Kräfte nach 1945 zumindest in den westdeutschen Besatzungszonen auch als Antwort auf den Totalitarismus der Nationalsozialisten gestärkt hervor. So wurde die Staatlichkeit nach Ende des Zweiten Weltkrieges zunächst in den Ländern wieder hergestellt, und der föderale Staatsaufbau wurde den Ministerpräsidenten der Länder in den Westzonen am 1. Juli 1948 in den Frankfurter Dokumenten als eine Grundvoraussetzung für den staatlichen Neubeginn übermittelt (vgl. Funk 2010: 301-302). Er galt und gilt fortan in der Bundesrepublik als ein hauptsächlich machtverteilendes Prinzip (vgl. Rudzio 2019: 290; von Beyme 2017: 38), was sich sowohl in der Kompetenzverteilung zwischen dem Bund und den Ländern, aber auch in der Gewaltenteilung auf Bundesebene niedergeschlagen hat.

Bezüglich der Gewaltenteilung auf Bundesebene ist die in der Einleitung bereits dargelegte Rolle des Bundesrates als ein Verfassungsorgan des Bundes, über das die Länderregierungen an der Gesetzgebung und der Verwaltung des Bundes mitwirken, am augenscheinlichsten. In die horizontale Gewaltenteilung zwischen Legislative, Exekutive und Judikative ist innerhalb der Legislative mit dem Bundesrat ein vertikales Element integriert, das die vertikale Gewaltenteilung zwischen Bund, Ländern und Kommunen mit der horizontalen Machtbalance zwischen den Verfassungsorganen auf Bundesebene verknüpft und auszutarieren hilft. Zugleich verbinden sich im Bundesrat die Funktionen der Exekutive mit denen der Legislative (vgl. Hoffmann/ Wisser 2012: 598).

Hinsichtlich der Kompetenzverteilung zwischen Bund und Ländern lässt sich, wie bereits dargestellt, als verallgemeinernde generelle Regel eine funktionale Aufgabenteilung feststellen, die darin besteht, dass der Bund in den allermeisten Fällen für die Gesetzgebung zuständig ist, die Gesetze aber dann von den Ländern sowie den Kommunen administrativ umzusetzen sind (vgl. Rudzio 2019: 306; Hoffmann/ Wisser 2012: 598). Ihren historischen Ursprung nahm diese Aufgabenteilung nach Funktionsarten bei der Gründung des Deutschen Reiches 1871, dem zwar eine umfassende Gesetzgebungskompetenz zukam, doch die Ausführung der Gesetze stand weiterhin den Bundesstaaten als eigene Angelegenheit zu (vgl. Reuter 2007: 11; Funk 2010: 221-222). Heute sind die gesetzgeberischen Zuständigkeiten zwischen dem Bund und den Ländern in den vier Kategorien definiert, die das Grundgesetz in den Artikeln 71 bis 74 hierfür vorgibt. Hiernach gibt es neben dem Bereich der ausschließlichen Bundesgesetzgebung sowie dem Bereich der ausschließlichen Landesgesetzgebung die Gemeinschaftsaufgaben, bei denen der Bund bei der Erfüllung von Länderaufgaben mitwirkt, sowie den Bereich der konkurrierenden Gesetzgebung, in dem die Länder die Gesetzgebungsbefugnis besitzen, solange und soweit der Bund nicht von seiner Zuständigkeit durch Gesetz Gebrauch gemacht hat. Mit der Föderalismusreform im Jahr 2006 wurde dem Bund in einer Reihe von konkurrierenden Gesetzgebungsmaterien das Gesetzgebungsrecht nur noch zur Gewährleistung „gleichwertiger Lebensverhältnisse im Bundesgebiet“ oder der „Rechts- und Wirtschaftseinheit“ zugebilligt (vgl. Scharpf 2009: 93-98; Rudzio 2019: 304-305; Schmidt 2012: 660-662; Holtschneider/ Schön 2007; Ismayr 2012: 215-218; Jun 2010: 345-350). Insgesamt betrachtet hat sich jedoch in Deutschland seit den 1960er Jahren eine Ausdehnung der Gesetzgebungskompetenzen des Deutschen Bundestages zu Lasten der Länderparlamente vollzogen (vgl. von Beyme 2017: 303; Blätte/ Hohl 2013: 208), die sich im Verlauf des europäischen Integrationsprozesses mit der zunehmenden Verlagerung von Kompetenzen auf EU-Ebene noch weiter verstärkt hat (vgl. etwa Voßkuhle 2012).

Die kontinuierliche Verlagerung der Gesetzgebungskompetenz von den Ländern zum Bund und die damit einhergehende Reduzierung von alleinigen Landeskompetenzen sind aber nicht mit einem Bedeutungsverlust der Länder gleichzusetzen. Vielmehr besteht ihre maßgebliche Rolle innerhalb des bundesdeutschen „Exekutivföderalismus“ bei der Gesetzesausführung. Dem Bund, der nur über wenige eigene ausführende Behörden verfügt, stehen entsprechend der Festlegungen der Artikel 83 bis 85 des Grundgesetzes hierbei unterschiedlich abgestufte Einwirkungsrechte zu. Vornehmlich werden die Bundesgesetze als eigene Angelegenheiten der Länder entsprechend der Festlegungen in Artikel 84 des Grundgesetzes ausgeführt, wobei die Gemeinden und die Kreise letztlich für den Vollzug von etwa 80 Prozent aller Bundes- und Landesgesetze zuständig sind (vgl. Ismayr 2009: 532, 555; Rudzio 2019: 306).

Zentral für die Rolle des Bundesrates ist die Abgrenzung seiner Zustimmungsbedürftigkeit bei der Verabschiedung von Gesetzen und Rechtsverordnungen des Bundes. Zuvörderst bedürfen verfassungsändernde Gesetze der Zustimmung des Bundesrates und sind zudem an das Zustandekommen einer Zweidrittelmehrheit in der Länderkammer gebunden, entsprechend des gleichlautenden Mehrheitserfordernisses im Bundestag. Darüber hinaus sind grundsätzlich solche Gesetze und Rechtsverordnungen von einer Zustimmung der Länderkammer abhängig, die das Bund-Länder-Verhältnis berühren (vgl. Rudzio 2019: 260; Jun 2011: 109). Hierzu zählen etwa Gesetze, die durch die Bundesländer auszuführen sind und Regelungen zur Verwaltungsdurchführung beinhalten, mithin also in die Verwaltungshoheit der Länder eingreifen. Auch fallen hierunter Gesetze, die die Steuern mit Länderanteilen berühren oder auf sonstige Weise die Finanzen der Länder betreffen. Auch Gesetze mit Regelungen zur Ausübung der Bundesgerichtsbarkeit durch Gerichte der Länder, Gesetze zur Veränderung von Gebietsständen oder zur Verlagerung von Hoheitsrechten sowie mit Berührungspunkten zur Mitwirkung der Länder in der EU sind zustimmungspflichtig. Ferner sind Regelungen für den Gesetzgebungsnotstand oder den Verteidigungsfall sowie eine Verlängerung der Liste der sicheren Herkunftsstaaten im Bereich des Asylrechts oder auch die Ausübung des Bundeszwanges gegen ein Land von einer Mehrheit in der Länderkammer abhängig (vgl. Reuter 2007: 107-115; Schmidt 2012: 676-679). Gleiches gilt analog für Rechtsverordnungen und Verwaltungsvorschriften, soweit diese in den dargestellten Bereichen zur Anwendung kommen können (vgl. Reuter 2007: 148-150; Schmidt 2012: 678-679). In einem Urteil aus dem Jahr 1974 hat das Bundesverfassungsgericht die sogenannte „Einheitstheorie“ entwickelt, wonach ein Gesetz in Gänze zustimmungsbedürftig ist, auch wenn nur eine einzige Vorschrift darin die Zustimmungsbedürftigkeit auslöst. Die Länder sind jedoch bei ihrer Entscheidung über die Zustimmung zu einem Gesetz nicht auf die Vorschriften reduziert, die die Zustimmungsbedürftigkeit auslösen, sondern können ihre Abwägung von dem in Rede stehenden Gesetz und seinem materiellen Regelungsgehalt in Gänze abhängig machen (vgl. Fromme 1980: 154-158; Reuter 2007: 108-113). Unterschieden werden können zustimmungsbedürftige von nicht-zustimmungsbedürftigen Gesetzentwürfen an ihrer Eingangsformel. Diese lautet bei Einspruchsgesetzen „Der Bundestag hat das folgende Gesetz beschlossen“; bei Zustimmungsgesetzen ist den Entwürfen die Formulierung „Der Bundestag hat mit Zustimmung des Bundesrates das folgende Gesetz beschlossen“ vorangestellt.

Bei Gesetzen, die nicht der Zustimmung der Länderkammer bedürfen, kann der Bundesrat nach einem durch ihn angestrengten Vermittlungsverfahren zumindest einen Einspruch einlegen, der vom Bundestag bei einer erneuten Abstimmung mit absoluter Mehrheit zurückgewiesen werden kann. Hat der Bundesrat seinen Einspruch mit Zweidrittelmehrheit eingelegt, bedarf es für eine erfolgreiche Zurückweisung durch den Bundestag ebenfalls einer Zweidrittelmehrheit seiner Mitglieder. Auch bei zustimmungsfreien Gesetzen verfügt die Länderkammer somit über Mitwirkungs- und hierüber auch über Mitgestaltungsmöglichkeiten, obgleich Einsprüche gegen Gesetzesbeschlüsse des Bundestages eher selten sind und in der 17. Wahlperiode nur ein einziges Mal, in der 18. Wahlperiode sogar gar nicht vorgekommen sind (vgl. Bundesrat 2018: 319; Podschull-Wellmann 2013: 24, 34-35, 49; Podschull-Wellmann 2018: 32-33).

Insgesamt betrachtet hat sich zwischen dem Bund und den Ländern ein enges wechselseitiges Abhängigkeitsverhältnis in Sachfragen und noch mehr in Finanzfragen entwickelt, das vielfach mit dem Begriff des „kooperativen Föderalismus“ charakterisiert worden ist (vgl. Blätte/ Hohl 2013: 209; Rudzio 2019: 313; Funk 2010: 329; Kilper/ Lhotta 1996: 178-179). In Bereichen, in denen keine wechselseitigen Gesetzgebungs- und Verwaltungszuständigkeiten existieren, hat sich häufig eine informelle, mitunter aber auch formalisierte oder sogar institutionalisierte Koordination und Kooperation zwischen dem Bund und den Ländern sowie unter den Ländern herausgebildet. Diese Selbstkoordination der Länder hat in zahlreichen Zuständigkeitsbereichen der Länder eine Selbstbindung durch unterschiedlichste Koordinationsgremien hervorgebracht. Wesentliches Ziel dieser „koordinierten horizontalen Einheitlichkeit“ ist es, einem Aktivwerden des Bundes zuvorzukommen (vgl. von Beyme 2017: 387-389; Rudzio 2019: 313-314; Blätte/ Hohl 2013: 208-211; Funk 2010: 324-325). Die Länder berauben sich somit im Ergebnis ihrer wechselseitigen Vielseitigkeit in den „bundesfreien“ Gesetzgebungsbereichen, um einer Regelung durch den Bund zu entgehen. Auch die Föderalismusreform aus dem Jahr 2006 habe hieran wenig geändert, wie Albert Funk (2016c) zum zehnten Jahrestag des Inkrafttretens der Reform resümiert: Der „unitarische Imperativ“ herrsche in Deutschland auch weiterhin, denn „Einheit geht vor Vielfalt“.

4 Der Bundesrat im politischen System Deutschlands: Aufgaben, Verfahrensgrundlagen und Einfluss der Länderkammer

Das Plenum des Bundesrates versammelt sich in der Regel zu elf Sitzungen pro Jahr mit teilweise über einhundert Tagesordnungspunkten, kann jedoch auch zu Sondersitzungen einberufen werden. Zu den Beratungsgegenständen gehören dabei alle Bundesgesetze unabhängig von ihrer Ausgestaltung als Einspruchs- oder Zustimmungsgesetz, die im Regelfall in einem ersten und einem zweiten Durchgang die Länderkammer durchlaufen (vgl. Ismayr 2012: 235-238, 248-252). Ferner berät der Bundesrat über Initiativen der Länder, die aus Gesetzesanträgen und Entschließungen bestehen können, über Verordnungs- und Richtlinienvorschläge der EU sowie sonstige EU-Vorlagen, über zustimmungspflichtige Rechtsverordnungen und Verwaltungsvorschriften des Bundes sowie über Berichte der Bundesregierung. Zudem ist der Bundesrat für die Wahl der Hälfte der Richterinnen und Richter des Bundesverfassungsgerichts zuständig und hat darüber hinaus in einer Reihe von Fällen Mitwirkungsrechte bei der Besetzung unterschiedlichster Ämter und Funktionen (vgl. Reuter 2007: 145-156).

Bei den insgesamt 69 Stimmen, über die die Länder im Bundesrat verfügen, genügt im Regelfall die absolute Mehrheit von 35 Stimmen zur Beschlussfassung; Grundgesetzänderungen sind jedoch von einer Zweidrittelmehrheit von 46 Stimmen abhängig. Die Geschäftsordnung des Bundesrates schreibt in § 30 vor, dass Abstimmungsfragen in Gesetzgebungsverfahren so zu fassen sind, dass sich die Zustimmung der Länderkammer zweifelsfrei aus den Abstimmungen ergibt und eindeutig erkennbar ist, ob der Bundesrat mit der Mehrheit seiner Stimmen eine Zustimmung erteilt hat. Da Enthaltungen nicht gesondert gewertet werden, wirken sie im Ergebnis wie ein ablehnendes Votum. Die einzelnen Länder verfügen in Abhängigkeit von ihrer Bevölkerungszahl über mindestens drei und höchstens sechs Stimmen, deren Gewichtung als Kompromiss zwischen dem föderativen Gesichtspunkt prinzipiell gleichberechtigter Länder und dem demokratischen Gesichtspunkt einer gleichen Repräsentanz gesehen werden kann, wobei das erstgenannte Prinzip in der Bedeutung überwiegt (vgl. Rudzio 2019: 258). Artikel 51 Absatz 2 des Grundgesetzes legt fest, dass jedes Land über mindestens drei Stimmen verfügt. Leben in einem Land mehr als zwei Millionen Menschen, verfügt das Land über vier Stimmen, bei mehr als sechs Millionen Menschen über fünf Stimmen und bei mehr als sieben Millionen Menschen über sechs Stimmen. Eine steigende oder fallende Bevölkerungszahl kann somit die Anzahl der Stimmen eines Landes und hierüber auch die Anzahl der Stimmen, über die der Bundesrat insgesamt verfügt, verändern. Bei Abstimmungen im Plenum des Bundesrates wird in der Regel nicht das Stimmverhalten der einzelnen Länder festgehalten, sondern vom Präsidenten lediglich die Mehrheit oder die Minderheit festgestellt und im stenographischen Bericht protokolliert. Auf Antrag eines Landes kann die Abstimmung jedoch durch Aufruf der Länder erfolgen, deren Stimmverhalten dadurch Eingang in das Protokoll findet. Zudem sind zwischenzeitlich alle Länder dazu übergegangen, ihr Abstimmungsverhalten im Internet zu veröffentlichen; die entsprechenden Fundorte sind auf der Internetseite des Bundesrates zusammengestellt.[7]

Für die Behandlung von Gesetzesvorlagen der Bundesregierung im sogenannten ersten Durchgang und von Gesetzesbeschlüssen des Bundestages im sogenannten zweiten Durchgang sind im Grundgesetz unterschiedliche Fristen vorgeschrieben. Für Stellungnahmen zu Gesetzentwürfen der Bundesregierung hat der Bundesrat im Regelfall sechs Wochen Zeit, bei besonderer Eilbedürftigkeit einer Vorlage kann die Frist auf drei Wochen verkürzt werden. Umgekehrt kann sich die Länderkammer insgesamt neun Wochen zur Behandlung ausbedingen, etwa wenn die Vorlage besonders umfangreich ist oder das Grundgesetz ändern soll. Hat der Bundestag ein Einspruchsgesetz beschlossen, das nicht auf die Zustimmung der Länderkammer trifft, hat diese die Möglichkeit, innerhalb von drei Wochen den Vermittlungsausschuss anzurufen. Nach Ende eines Vermittlungsverfahrens hat der Bundesrat innerhalb von zwei Wochen die Möglichkeit, Einspruch gegen das Gesetz einzulegen. Über ein Zustimmungsgesetz soll der Bundesrat laut Grundgesetz „in angemessener Frist" Beschluss fassen, ohne diese näher zu qualifizieren.[8]

---

7 Zu erreichen ist diese Zusammenstellung über die Adresse [https://www.bundesrat.de/DE/plenum/abstimmung/abstimmung-node.html] (Zugang: 24. November 2018).

8 Dieser unbestimmte Rechtsbegriff einer „angemessenen Frist" ist bislang auch höchstgerichtlich nicht weiter konkretisiert worden. Allerdings hat das Bundesverfassungsgericht am 14. Juni 2017 zu einer Gesetzesvorlage des Bundesrates, über die der Bundestag laut Grundgesetz ebenfalls „in angemessener Frist" zu entscheiden hatte, in einem Eilverfahren festgehalten, dass „letztlich eine abstrakte Bestimmung der Angemessenheit der Dauer einer konkreten Gesetzesberatung nicht möglich ist", sondern es vielmehr „einer Berücksichtigung sämtlicher Umstände

Die Fristen in beiden Durchgängen eines Gesetzgebungsverfahrens können auf Bitten der Bundesregierung oder des Bundestages verkürzt werden und der Bundesrat kann in sehr eilbedürftigen Fällen auf die Ausschussbehandlung einer Vorlage verzichten. Zur Beschleunigung der Verfahren eignet sich ebenfalls die parallele Behandlung einer Vorlage durch den Bundesrat und den Bundestag, indem die Regierungsfraktionen im Bundestag einen Gesetzentwurf, der von der Bundesregierung beschlossen wurde und sich im ersten Durchgang des Bundesrates befindet, parallel als Fraktionsinitiative in den Bundestag einbringen und das parlamentarische Verfahren im Bundestag zu diesem Gesetzesvorhaben damit bereits in einem Moment in Gang setzen, in dem die Stellungnahme der Länderkammer noch erarbeitet wird. Eine weitere, allerdings für die Länderkammer (noch) weniger angenehme Möglichkeit zur Beschleunigung des Gesetzgebungsverfahrens besteht darin, auf den ersten Durchgang eines Gesetzentwurfes im Bundesrat gleich ganz zu verzichten. Die Bundesregierung beschließt in einem solchen Fall nicht über einen Gesetzentwurf, sondern lediglich über „Formulierungshilfen" eines solchen Entwurfes für die Regierungsfraktionen, die diesen dann als Gesetzentwurf selbst in den Bundestag einbringen. Der Bundesrat hat sodann lediglich im zweiten Durchgang nach der Beschlussfassung durch den Bundestag die Möglichkeit, sich zu dem beschlossenen Gesetz zu verhalten, was deshalb auch als „unechter zweiter Durchgang" bezeichnet wird. In einem solchen Fall kann der Bundesrat den Gesetzesbeschluss des Bundestages entweder akzeptieren oder ein Vermittlungsverfahren eröffnen, nicht jedoch eine eigene Stellungnahme in das Gesetzgebungsverfahren einspeisen (vgl. Clostermeyer/ Exo 2011).

Für Angelegenheiten der Europäischen Union, in denen eine besondere Eilbedürftigkeit gegeben oder aber Vertraulichkeit zu wahren ist, ist nach entsprechender Zuweisung durch den Bundesratspräsidenten die Europakammer zuständig, deren Beschlüsse als Beschlüsse des Bundesrates insge-

---

des jeweiligen Einzelfalles sowohl hinsichtlich des konkreten Gesetzentwurfs (Umfang, Komplexität, Dringlichkeit, Entscheidungsreife) als auch hinsichtlich weiterer die Arbeitsabläufe des Parlaments bestimmender Faktoren (Bearbeitung sonstiger Gesetzesvorlagen oder anderer Parlamentsangelegenheiten)" bedürfe, wobei es „grundsätzlich dem Parlament vorbehalten" sei, seine „Prioritäten bei der Bearbeitung der ihm vorliegenden Angelegenheiten selbst zu bestimmen" (Bundesverfassungsgericht 2BvQ 29/17, Randnummer 37). Auch wenn sich diese Entscheidung an den Bundestag adressierte, legen die Argumente nahe, dass eine nähere Qualifizierung der Angemessenheit einer Frist im Gesetzgebungsverfahren nicht möglich ist und den an der Gesetzgebung beteiligten Verfassungsorganen hierbei auch keine zu engen Grenzen gesetzt werden können.

samt gelten. Eilbedürftigkeit ist immer dann gegeben, wenn die Beschlussfassung der Länderkammer noch vor der nächsten bereits einberufenen regulären Sitzung des Bundesrates zu erfolgen hat, um innerhalb des Entscheidungsprozesses der europäischen Institutionen noch berücksichtigt werden zu können. Vorbereitet werden die Beschlüsse der Europakammer, die auch im Umfrageverfahren zustande kommen können, durch die Ausschüsse des Bundesrates (vgl. Lennartz/ Kiefer 2014: 188).

Hinsichtlich der Mehrheitsverhältnisse im Bundesrat sind unterschiedliche Auswirkungen auf Einspruchs- und Zustimmungsgesetze voneinander zu unterscheiden. Die zur Beschlussfassung notwendige absolute Mehrheit von 35 Stimmen ist einerseits nötig zur Zustimmung des Bundesrates zu Zustimmungsgesetzen und Verwaltungsvorschriften sowie zur Beschlussfassung über Entschließungen und Stellungnahmen der Länderkammer, andererseits aber auch zur Anrufung des Vermittlungsausschusses beziehungsweise zur Einlegung eines Einspruchs bei Einspruchsgesetzen. Verfügt die Bundestags-Opposition in der Länderkammer über eine absolute Mehrheit der Stimmen, kann sie nicht nur zustimmungspflichtige Vorhaben der Bundesregierung und der sie tragenden Bundestags-Mehrheit aufhalten, sondern auch nicht-zustimmungspflichtige Gesetzentwürfe durch eine Anrufung des Vermittlungsausschusses und auch die Einlegung eines Einspruchs verzögern. Hat die Opposition neben der Mehrheit im Bundesrat zudem die Mehrheit im Vermittlungsausschuss, kann sie hierüber nicht nur die Inhalte des Vermittlungsergebnisses notfalls auch gegen die Stimmen der Regierungsvertreter bestimmen, wobei bei einem derart zustande gekommen „unechten" Vermittlungsergebnis die Gefahr besteht, dass der Bundestag im Anschluss seine Zustimmung versagt. Vielmehr kann sie über ihre Verfahrensmehrheit Vermittlungsverfahren bei Einspruchsgesetzen auch verzögern und im äußersten Fall sogar bis zum Ende der Wahlperiode in die Länge ziehen, womit sie dem Grundsatz der Diskontinuität[9] anheimfallen. Haben weder Oppositions- noch Regierungsseite eine Mehrheit in der Länderkammer, erschwert dies somit im Ergebnis das Zustandekommen von politisch umstrittenen Zustimmungsgesetzen, erleichtert jedoch das Zustandekommen von Einspruchsgesetzen, da die Mehrheitsbildung zur Anrufung des Vermittlungsausschusses oder zur Einlegung eines Einspruchs ebenfalls erschwert ist.

Insbesondere über die Möglichkeit der Stellungnahme zu Gesetzes-, Verordnungs- und Verwaltungsvorschriften kann der Einfluss des Bundesrates

9 Die Rückwirkungen des Grundsatzes der Diskontinuität, der für den Bundestag gilt, auf das Gesetzgebungsverfahren werden am Ende dieses Kapitels beleuchtet.

in fachlich-administrativer Hinsicht als hoch bezeichnet werden. In politischer Sicht hängen die Einflussmöglichkeiten von den konkreten Mehrheitserfordernissen eines Vorhabens sowie den Mehrheitsverhältnissen im Bundestag und im Bundesrat ab. Einzelnen Ländern kann hier beispielsweise großer Einfluss zukommen, wenn dem Regierungslager für das Zustandekommen eines Zustimmungsgesetzes im Bundesrat nur wenige Stimmen fehlen. Sind sich die Länder untereinander in ihrer Ablehnung zu einem Vorhaben der Bundesregierung einig, können sie jedoch auch das Zustandekommen eines Einspruchsgesetzes über ein ausgedehntes Vermittlungsverfahren verzögern oder durch einen mit Zweidrittelmehrheit eingelegten Einspruch einem derartigen Gesetz eine schwierig zu nehmende Hürde entgegenstellen, da der Bundestag zur Zurückweisung eines mit dieser qualifizierten Mehrheit eingelegten Einspruchs ebenfalls eine Zweidrittelmehrheit aufbringen muss. Naturgemäß keinen oder bestenfalls einen indirekten Einfluss kann die Länderkammer auf nicht-zustimmungspflichtige Rechtsverordnungen und Verwaltungsvorschriften nehmen. Entsprechendes gilt für Berichte der Bundesregierung und politische Konsequenzen hieraus, verbleiben Stellungnahmen oder Entschließungen des Bundesrates zu solchen Vorlagen doch eher im appellativen Bereich.

Losgelöst von der Frage, wie „einflussreich“ unterschiedliche Beschlüsse der Länderkammer im Einzelfall auf Gesetze und administrative Vorschriften sein mögen, geben Gesetzesinitiativen, Stellungnahmen, eigenständige Entschließungen sowie Begleit-Entschließungen zu Gesetzgebungs- oder Verwaltungsvorlagen dem Bundesrat, der für sich nicht nur die Vertretung von Länderinteressen, sondern darüber hinausgehend auch ein allgemeines politisches Mitwirkungsrecht beansprucht (vgl. Rudzio 2019: 261), die Möglichkeit, seinen politischen Willen zu bekunden. Unabhängig von ihrer formalen Bindungswirkung kann deshalb auch von Entschließungen, Stellungnahmen oder Gesetzesinitiativen eine hohe politische Bindungskraft ausgehen, da sich Länder mit der Initiative zur Einbringung derartiger Vorlagen beziehungsweise durch eine Zustimmung zu einer entsprechenden Vorlage politisch nicht nur positionieren, sondern im Regelfall an eine entsprechende Positionierung dann auch gebunden fühlen – entweder um der eigenen Glaubwürdigkeit willen oder als Ergebnis innerkoalitionärer Verständigungen auf eine einmal gefundene Position, von der die jeweilige Landesregierung dann politisch nicht wieder ohne Weiteres abrücken kann. Deshalb kann es auch im Vorfeld von Abstimmungen zu Vorlagen, mit denen die Länderkammer lediglich ihren politischen Willen dokumentiert, ohne dass sich hieraus eine unmittelbare Bindungswirkung entfaltet, durchaus zu einer umfangreichen politischen Koordination zwischen den Ländern und mit dem Bund kommen, die je nach Materie zudem in umfangreiche Aktivitäten von Interessenvertreterinnen und Interessenvertretern sowie weiteren Anspruchsgruppen eingebunden sein können.

Dem bereits erwähnten Grundsatz der Diskontinuität zufolge gelten mit Ablauf einer Wahlperiode alle im Bundestag eingebrachten, aber noch nicht verabschiedeten Vorlagen grundsätzlich als erledigt.[10] Für den Bundesrat als kontinuierliches Verfassungsorgan gilt der Grundsatz zwar nicht, aber seine Geltung für den Bundesrat kann sich in Gesetzgebungsverfahren mittelbar auch auf den Bundesrat auswirken. Ist in einem Gesetzgebungsverfahren die abschließende Sachentscheidung des Bundestages noch nicht gefallen, bevor seine Wahlperiode endet, gelten die Gesetzesvorlagen grundsätzlich als erledigt. Sollen sie vom neugewählten Bundestag weiterverfolgt werden, muss das Gesetzgebungsverfahren neu begonnen werden. Sofern die abschließende Sachentscheidung des Bundestages in einem Gesetzgebungsverfahren jedoch gefallen ist, gelten seine Gesetzesbeschlüsse über das Ende der Wahlperiode hinaus, auch wenn der Bundesrat erst in der neuen Wahlperiode des Bundestags das Gesetzgebungsverfahren abschließt. Die Diskontinuität des Bundestages kann jedoch dann zum Scheitern des Gesetzesvorhabens führen, wenn der Bundesrat den Vermittlungsausschuss anruft oder einen Einspruch einlegt und ein Zusammenkommen des Vermittlungsausschusses beziehungsweise die Zurückweisung eines Einspruches erst zu einem Zeitpunkt möglich wäre, zu dem die Wahlperiode des Bundestages, der das Gesetz beschlossen hat, bereits abgelaufen ist. Ein Gesetz, dem der Bundesrat seine Zustimmung erst nach dem Ende der Wahlperiode des Bundestages erteilt, der über das Gesetz befunden hat, ist jedoch zustande gekommen, so lange der Bundesrat seine Zustimmung „in angemessener Frist“[11] erteilt hat.

10 Dieser Absatz ist dem „Praxishandbuch Bundesrat“ von Konrad Reuter (2007: 41, 117-126) entlehnt.

11 Vgl. für die Angemessenheit von Fristen in der Gesetzgebung die Ausführungen in Fußnote 8.

5 Entscheidungsfindung im Bundesrat: Die administrativen Abläufe

Für ein Verständnis der Entscheidungsfindungsprozesse des Bundesrates ist es hilfreich, sich zunächst die administrativen Ablaufstrukturen vor Augen zu führen, an denen sich die politischen Koordinationsmechanismen ausrichten. Formell werden die Vorlagen im sogenannten „Bundesratsverfahren" innerhalb eines dreiwöchigen Rhythmus aus Ausschusswoche, Koordinationswoche und Plenarwoche behandelt, die mit der Plenarsitzung des Bundesrates am Freitag der Plenarwoche endet. Das Verfahren ist hochformalisiert mit insbesondere für Außenstehende nicht leicht nachvollziehbaren Abläufen, die jedoch klaren Gesetzmäßigkeiten unterliegen.[12] Es zielt darauf ab, im Verlauf der drei Wochen nach und nach so viele Fragestellungen wie möglich abzuschichten und möglicherweise offene Fragen sowie politische und fachliche Stellungnahmen und Einwände so frühzeitig wie möglich im Vorfeld der Plenarsitzung innerhalb und zwischen den Ländern sowie gegebenenfalls auch mit dem Bund zu konsentieren, so dass unmittelbar vor der Plenarsitzung nur noch die politisch zwischen den Ländern und mit dem Bund zu entscheidenden Aspekte offen sind. Für die politische Ebene in den Ländern und im Bund wirkt das administrative Verfahren entlastend und leistet zugleich eine wichtige Vorstrukturierung der politisch zu entscheidenden Punkte, für die es im Idealfall am Vorabend der Plenarsitzung, dem Zeitpunkt des Zusammentreffens der politisch besetzen Koordinationsrunden, bereits Beschlussentwürfe gibt.

Am Beginn des Bundesratsverfahrens steht die sogenannte Ausschusswoche, in der bereits wesentliche Vorstrukturierungen der im kommenden Bundesratsplenum zu treffenden Entscheidungen vorgenommen werden. Insgesamt verfügt der Bundesrat über 16 Ausschüsse, so dass jedes Land einen Vorsitz stellen kann. Die Zuständigkeiten der Ausschüsse orientieren sich an der Abgrenzung der Geschäftsbereiche der Bundesregierung. Mitglieder in den Ausschüssen sind die in den Ländern fachlich zuständigen Regierungsmitglieder, die sich im üblichen Sitzungsrhythmus zur Behand-

12 Die folgende Darstellung beschränkt sich auf die Beschreibung der wesentlichen Grundzüge des Bundesratsverfahrens. Ausführlicher wird dieses Verfahren etwa in den Darstellungen von Jürgen Lennartz und Günther Kiefer (2014) sowie von Klemens H. Schrenk (2010: 365-372) vorgestellt.

lung von Bundesratsvorlagen im Regelfall jedoch von Mitarbeiterinnen und Mitarbeitern ihres Ministeriums oder der Vertretung ihres Landes in Berlin vertreten lassen; lediglich der Finanzausschuss tagt für gewöhnlich auf politischer Ebene mit den Finanzministerinnen und Finanzministern der Länder.

Die beim Bundesrat eingehenden Vorlagen, darunter unter anderem Gesetzentwürfe der Bundesregierung, Gesetzesbeschlüsse des Bundestages, Gesetzesinitiativen und Entschließungsanträge der Länder, Berichte der Bundesregierung, Rechtsverordnungen und allgemeine Verwaltungsvorschriften der Länder oder Vorlagen der Europäischen Union, werden zunächst den fachlich betroffenen Ausschüssen zugeteilt, einem von ihnen federführend. Die Empfehlungen der Ausschüsse zu einer Vorlage können zustimmend, abändernd oder ablehnend ausfallen und zudem Stellungnahmen oder begleitende Entschließungen enthalten; die Behandlung von Vorlagen kann auch auf einen späteren Bundesratsdurchgang vertagt werden. Die Ergebnisse der Abstimmungen inklusive des Abstimmungsverhaltens einzelner Länder und der Verlauf der Diskussionen werden in einem eigentlich nicht-öffentlichen Protokoll festgehalten, über das interessierte Anspruchsgruppen im politischen Alltag Berlins interessanterweise jedoch oft und zumeist auch sehr schnell verfügen. Laut Geschäftsordnung des Bundesrates sind jedoch nur die mehrheitlich ergangenen Beschlüsse und ihre zugehörigen Begründungen zu veröffentlichen, ohne Angaben zum Diskussionsverlauf oder dem Abstimmungsverhalten individueller Länder.

Jedes Land hat im Ausschuss eine Stimme, so dass Abstimmungsergebnisse in den Ausschüssen nicht automatisch die Abstimmungsergebnisse im Plenum vorwegnehmen, in dem die Länder, wie bereits dargestellt, über eine gewichtete Anzahl an Stimmen verfügen. Dies gilt umso mehr, als die Länder bei ihrem Abstimmungsverhalten in den Ausschüssen im Regelfall nach dem Ressortprinzip vorgehen, so dass dem Votum eines Ministeriums im Ausschuss für gewöhnlich fachliche Aspekte und politische Sichtweisen des jeweiligen Ressorts, nicht jedoch notwendigerweise übergeordnete Erwägungen der Landesregierung insgesamt zugrunde liegen. Gleichzeitig divergieren die parteipolitischen Mehrheitsverhältnisse in den einzelnen Ausschüssen sehr stark, was bei der Einordnung ihrer Beschlüsse ebenfalls miteinzubeziehen ist. So stellen mit Stand 30. November 2018 etwa die Unionsparteien mit Ausnahme von Niedersachsen in allen Ländern, in denen sie an der Regierung beteiligt sind, den Innenminister und verfügen mit ihren neun Ressortchefs im Innenausschuss über eine eigene parteipolitische Mehrheit. Gleichzeitig gehört kein Chef des Innenressorts den in immerhin neun Ländern mitregierenden Grünen an. Diese stellen dafür in allen Ländern, in denen sie regieren, das für Umweltpolitik zuständige Regierungsmitglied und verfügen mit ihren neun Ressortchefinnen und Ressortchefs über eine eigene parteipolitische Mehrheit im Umweltausschuss.

Das weisungsgebundene Votum der Sitzungsvertreter zu den einzelnen Vorlagen in den Ausschüssen beruht auf inhaltlichen Einschätzungen der zuständigen Fachabteilungen, die aber in aller Regel mit der politischen Leitung des Ministeriums abgestimmt werden (vgl. Sturm/ Müller 2013: 149-150). Das Stimmverhalten zu einer Vorlage in der Ausschussberatung kann somit ein vornehmlich fachlich motiviertes, aber auch ein von politischen Erwägungen geleitetes sein. Nicht selten ist es in erster Linie durch die fachpolitische Sicht des jeweiligen Ressorts geprägt. Deshalb ist es nicht ungewöhnlich, dass das Votum eines Landes in unterschiedlichen Ausschüssen unterschiedlich ausfallen und sich sogar widersprechen kann. Klassische Spannungslinien etwa zwischen dem Umwelt- und dem Wirtschaftsressort oder dem Finanz- und allen anderen Ressorts schlagen sich vielfach in divergierenden Stellungnahmeempfehlungen unterschiedlicher Ausschüsse zu der gleichen Vorlage nieder, mitunter auch unabhängig von der politischen Farbenlehre. Zur Festlegung des finalen Abstimmungsverhaltens eines Landes im Plenum des Bundesrates sind derlei Gegensätze innerhalb der landesinternen Koordination im Lichte übergeordneter politischer wie fachlicher Erwägungen aufzulösen, um sich im Plenum nicht enthalten zu müssen. Eine Enthaltung im Bundesrat ist in den Koalitionsvereinbarungen in den Ländern in der Regel für Fragen von grundsätzlicher Bedeutung vorgesehen (und auch nur solchen vorbehalten), in denen eine Einigung auf ein einheitliches Landesvotum nicht erzielt werden kann.[13]

---

13 Eine vielzitierte Ausnahme dieser Regel stellte die im Jahr 1996 geschlossene Koalitionsvereinbarung zwischen SPD und FDP in Rheinland-Pfalz dar, die für den Fall der Uneinigkeit einen Losentscheid über die Stimmabgabe des Landes im Bundesratsplenum vorsah: „Die Koalitionspartner stellen Dissenspunkte bezüglich des Stimmverhaltens im Bundesrat in der Reihenfolge der Tagesordnungspunkte der jeweiligen Sitzungen des Bundesrates fest. Danach bemühen sie sich, anhand sachlich-inhaltlicher Kriterien positiv festzulegen, wie sie im Interesse des Landes abstimmen werden. Kommt eine Einigung nicht zustande, entscheidet das Los, welche Haltung beim ersten Dissenspunkt ausschlaggebend sein soll. Die folgenden Punkte werden dann den Koalitionspartner alternierend zugeteilt." (zitiert nach Kropp/ Sturm 1998: 194). Dieser auf den ersten Blick irrationalen Vorgehensweise ist insofern eine „versteckte Rationalität" attestiert worden, als durch den drohenden Losentscheid letztlich der Einigungszwang erhöht wurde;

Auch wenn die Abstimmungsergebnisse in den Ausschüssen nicht zwangsläufig das Abstimmungsverhalten einzelner Länder oder gar das Abstimmungsergebnis im Plenum vorwegnehmen, sind sie insofern von Bedeutung, als sie die weitere politische wie fachliche Koordination in und zwischen den Ländern sowie mit dem Bund vorstrukturieren, da die im Ausschuss diskutierten und abgestimmten Stellungnahmeentwürfe die weiteren Entscheidungen in der Vorbereitung einer Plenarsitzung strukturierend abschichten und zumeist entlang der darin diskutierten Linien fokussieren. Zudem ist bei geplanten Stellungnahmen etwa zu Gesetzentwürfen oder EU-Vorlagen die mehrheitliche Annahme eines Entwurfes zumindest in einem Ausschuss notwendig, um als Empfehlung im Plenum aufgerufen und zur Abstimmung gestellt werden zu können. Entwürfe von Beschlusstexten können zwar auch noch als Plenaranträge unmittelbar ins Plenum eingebracht werden, sind dann aber im Regelfall gerade nicht Gegenstand der ausführlichen politischen wie fachlichen Koordination im Vorfeld der Plenarsitzung, was ihre Erfolgsaussichten in vielen Fällen reduziert.

Innerhalb der Ausschusswoche tagen alle Ausschüsse innerhalb eines immer gleichen Zeitplans, der seinen Abschluss mit der Sitzung des Europaausschusses am Freitagvormittag findet.[14] Im Anschluss an die Ausschusssitzungen werden zu jeder Vorlage die in den Ausschüssen beschlossenen Empfehlungen an das Plenum der Länderkammer in einer eigenen „Empfehlungsdrucksache" zusammengestellt, die im Bundesrats-Jargon auch als „Strichdrucksache" bezeichnet wird. Der Aufbau dieser Strichdrucksache folgt einer klaren Struktur und ist in einzelne Abschnitte gegliedert, in denen sich wiederum ziffernweise unterteilte Einzelempfehlungen wiederfinden. Einzelempfehlungen unterschiedlicher Ausschüsse, die sich einander inhaltlich widersprechen oder unterschiedlich weit gefasst

---

alleine schon, um sich nicht der Lächerlichkeit preiszugeben (vgl. Kropp/ Sturm 1998: 122; König/ Bräuninger 1997: 609; Sturm 2006: 26-27).

14 Im Regelfall werden in den Ausschüssen für Auswärtige Angelegenheiten und Verteidigung nur schriftliche Umfragen durchgeführt. Unabhängig vom üblichen Sitzungsrhythmus zur Behandlung von Bundesratsvorlagen in den Ausschusswochen führen einzelne Ausschüsse wie etwa der Europaausschuss, aber auch der Verteidigungs- und der Auswärtige Ausschuss gelegentlich „politische Ausschusssitzungen" durch, bei denen in politischer Besetzung Anhörungen mit Vertreterinnen und Vertretern der Bundesregierung, europäischer Institutionen oder sonstiger Einrichtungen stattfinden. Des Weiteren können zu einzelnen Vorlagen auch Sonderausschuss- oder Unterausschusssitzungen sowie schriftliche Umfrageverfahren durchgeführt werden.

sind und somit alternativ zur Abstimmung stehen, werden dabei durch entsprechende Kennzeichnungen in Bezug zueinander gesetzt. Die Mehrheit der Empfehlungen zu einer Vorlage bezieht sich im Regelfall auf Details der geplanten Gesetzgebung. Die Länder bringen dadurch die Expertise und die Erfahrungen ihrer Verwaltungen in die Gesetzgebung auf Bundesebene ein und liefern mit ihrem Sachverstand, der sich aus ihrer Zuständigkeit für die administrative Umsetzung eines Großteils der Bundesgesetze ergibt, einen wichtigen Beitrag zu einer praxisorientierten und umsetzbaren Gesetzgebung (vgl. Hoffmann/ Wisser 2012: 608).

Am Ende der Ausschusswoche, spätestens jedoch mit Veröffentlichung der Strichdrucksachen zu Beginn der Koordinationswoche ist es den mit der Koordination betrauten Mitarbeiterinnen und Mitarbeitern der Länder und des Bundes möglich, eine Übersicht über die unstrittigen Vorlagen zu erhalten, die im Bundesratsplenum normalerweise im Rahmen einer Sammelabstimmung zu Beginn der Sitzung als „grüne Liste" entschieden werden. Damit existiert gleichzeitig auch eine Übersicht über die politisch wie fachlich innerhalb und zwischen den Ländern konfliktbehafteten Vorlagen der anstehenden Plenarsitzung. Innerhalb der Länder, aber auch zwischen ihnen und mit dem Bund ist es danach die Aufgabe der mit der Bundesratskoordination betrauten Mitarbeiterinnen und Mitarbeiter sowie der politischen Ebene, eine Harmonisierung divergierender Voten innerhalb einzelner Länder und gleichzeitig eine Koordination mehrheitsfähiger Voten zwischen den Ländern zu erreichen, gegebenenfalls auch durch Entgegenkommen des Bundes.

Das endgültige Stimmverhalten der einzelnen Länder wird für gewöhnlich erst in den Landeskabinetten zu Beginn der Plenarwoche beschlossen. Vorbereitet wird dieser Kabinettsentscheid im Regelfall durch eine Besprechung der mit Bundesratsangelegenheiten betrauten Referentinnen und Referenten der einzelnen Ressorts und der Regierungszentrale. Bleiben in dieser Besprechung Tagesordnungspunkte übrig, zu denen man sich nicht auf ein einheitliches Stimmverhalten verständigen kann, werden diese in der Runde der Amtschefinnen und Amtschefs im Vorfeld der Sitzung der Landesregierung mit dem Ziel einer Verständigung erörtert. Ist auch dort eine Einigung nicht möglich, können die noch offenen Tagesordnungspunkte in der Sitzung der Landesregierung besprochen und entschieden werden – gegebenenfalls mit einer Enthaltung, wenn einer der Koalitionspartner die „Koalitionskarte" zieht und unter Berufung auf den Koalitionsvertrag auf eine Enthaltung pocht.

Mitunter entscheiden sich die zu Wochenbeginn tagenden Kabinette bezüglich einzelner Tagesordnungspunkte auf eine „freie Hand" beziehungsweise ein „pflichtgemäßes Ermessen" und geben dem jeweiligen Ministerpräsidenten beziehungsweise der jeweiligen Ministerpräsidentin damit die Möglichkeit, das Votum des Landes im Laufe der Woche bis zur Abstimmung im Bundesrat in Rücksprache mit der stellvertretenden Ministerpräsidentin oder dem stellvertretenden Ministerpräsidenten und gegebenenfalls dem fachlich zuständigen Ressortminister oder der fachlich zuständigen Ressortministerin sowie im Lichte weiterer Entwicklungen, aber ohne nochmalige Erörterung im gesamten Landeskabinett festzulegen. Eine „freie Hand" beziehungsweise ein „pflichtgemäßes Ermessen" bietet sich vor allem dann an, wenn die Länder sich zum Zeitpunkt der Kabinettsbefassung noch in Verhandlungen untereinander oder mit dem Bund befinden und sich hierfür noch Handlungsspielraum offenhalten wollen. Auch wenn bei der Entscheidung über die Zustimmung zu einem Gesetz, über das der Bundestag abschließend befunden hat, innerhalb dieses Gesetzes ohne Vermittlungsverfahren kein Entgegenkommen mehr möglich ist, um die Zustimmung einzelner Länder zu erhalten, kann die Bundesregierung sich als Ergebnis von Verhandlungen mit den Ländern mittels Protokollerklärungen auf ein Entgegenkommen im Rahmen späterer Gesetzgebungsverfahren öffentlich verpflichten, wodurch ein aufwändiges und gegebenenfalls zeitraubendes Vermittlungsverfahren in vielen Fällen vermieden werden kann. Zudem befinden sich zu Beginn der Plenarwoche gelegentlich noch Anträge auf Stellungnahmen, Entschließungen oder Anrufungen des Vermittlungsausschusses in der Koordination, die ebenfalls von einer „freien Hand" oder einem „pflichtgemäßen Ermessen" erfasst sein können.

Auch wenn eine Weisungsbefugnis der Landesparlamente gegenüber ihren jeweiligen Landesregierungen hinsichtlich deren Abstimmungsverhaltens im Bundesrat nicht besteht, existieren unterschiedlich ausgeprägte Berücksichtigungspflichten insbesondere in europäischen Angelegenheiten bei Subsidiaritätsrügen und Subsidiaritätsklagen sowie hinsichtlich der Übertragung von Hoheitsrechten (vgl. Lennartz/ Kiefer 2014: 190). Politisch dürfte sich eine Regierung jedoch auch an Beschlüsse des Landtages in anderen Politikbereichen gebunden fühlen.

Da eine Plenarsitzung des Bundesrates häufig sehr viele Tagesordnungspunkte umfasst, werden die Vorstrukturierungen einer Plenarsitzung durch die Ausschüsse von den für die Koordination zuständigen Mitarbeiterinnen und Mitarbeitern der Länder als ein erheblich komplexitätsreduzierendes Verfahren dankbar aufgenommen, da man sich bei den Koordinationsaktivitäten innerhalb und zwischen den Ländern im Folgenden auf konfliktbehaftete Vorlagen konzentrieren kann. Unstrittigen Ausschussempfehlungen wird in der Routine des weiteren Koordinationsverlaufes deshalb häufig nur wenig Aufmerksamkeit zuteil.

So kann es aber passieren, dass der Bundesrat gelegentlich Stellungnahmen verabschiedet, die im Nachhinein für Überraschung sorgen, da sie einseitig die Sicht eines Ausschusses und der darin verkörperten Ressortlogik wiedergeben, nicht jedoch die übergeordneten Erwägungen der einzelnen Landesregierungen insgesamt zum Ausdruck bringen. Am 23. September 2016 forderte die Länderkammer beispielsweise die Europäische Kommission in einer Stellungnahme zu einer EU-Vorlage unter anderem dazu auf, die „Steuer- und Abgabenpraktiken der Mitgliedstaaten auf ihre Wirksamkeit hinsichtlich der Förderung emissionsfreier Mobilität auszuwerten [...], damit spätestens ab dem Jahr 2030 unionsweit nur noch emissionsfreie PKW zugelassen werden".[15] Die Forderung, die auf eine einstimmig im Umweltausschuss angenommene Empfehlung zurückging und die Automobilindustrie ganz erheblich unter Anpassungsdruck setzt, kam offenbar auch mit Stimmen von Ländern zustande, in denen große Automobilkonzerne und deren Zulieferfirmen beheimatet sind – die sich über den „föderalen Tiefschlaf" ihrer Landesregierungen denn auch rasch beschwerten (vgl. Böll/ Knaup 2016). Hieran sieht man einerseits, dass die Fachausschüsse auch parteiübergreifend in der Lage sind, sich hinter den Anliegen des jeweiligen Politikbereichs zu versammeln und diese voranzubringen. Andererseits wird deutlich, welche Verläufe vermeintlich unstrittige Vorlagen nehmen können, wenn die Fachausschüsse einstimmig votieren und die Unterlage deshalb in der weiteren Koordination als parteiübergreifend geeint betrachtet und eine vertiefende Auseinandersetzung im weiteren Verlauf der Abstimmung als entbehrlich angesehen wird.

Zwei Tage vor der Plenarsitzung tagt in Vorbereitung des Plenums ein Beirat aus Mitarbeiterinnen und Mitarbeitern aller Länder und des Sekretariats des Bundesrats, der auch als „Beamtenbeirat" oder „Kleiner Bundesrat" bezeichnet wird. Er arbeitet im Wesentlichen einen Vorschlag über die Reihenfolge der Behandlung der anstehenden Tagesordnungspunkte aus und legt die Ergebnisse von Probeabstimmungen zu einzelnen Tagesordnungspunkten und den zugehörigen Strichdrucksachen sowie ergänzenden Entschließungen vor. Seine Ergebnisse strukturieren damit nicht nur die Plenarsitzung selbst, sondern erleichtern zudem die abschließenden Koordinationsaktivitäten, die in Einzelfällen bis zur Plenarsitzung anhalten können (vgl. Clostermeyer 2014: 132-134).

---

15 Vgl. Drs. 387/16 (Beschluss), Ziffer 4.

6 Entscheidungsfindung im Bundesrat: Die politische Koordination im Bund-Länder-Gefüge

Parallel zum formellen Bundesratsverfahren, teilweise aber auch deutlich früher, erfolgt innerhalb wie zwischen den Ländern sowie mit dem Bund eine politische Abstimmung zu unterschiedlichen Vorlagen, um ergänzend zur fachlichen Koordination politische Konflikte frühzeitig zu antizipieren und ihnen nach Möglichkeit abhelfen zu können. Insbesondere bei wichtigen Gesetzgebungsvorhaben beginnt die Koordination zwischen dem Bund und den Ländern zu fachlichen Fragestellungen und politischen Mehrheitsfähigkeiten mitunter schon weit vor der formellen Beschlussfassung der Bundesregierung über einen Gesetzentwurf, etwa im Rahmen von Fachministerkonferenzen, der Ministerpräsidentenkonferenz (MPK) oder entlang von Parteilinien in fachpolitischen Koordinationsrunden zwischen den im Bund und in den Ländern zuständigen Fachministerinnen und Fachministern gleicher Parteizugehörigkeit. Politische Koordinationsaktivitäten zwischen dem Bund und den Ländern können auch bereits im Rahmen des Prozesses der Regierungsbildung auf Bundesebene erfolgen, wie dies in besonders umfangreicher Weise etwa im Herbst 2013 der Fall gewesen ist: Damals waren zahlreiche Politikerinnen und Politiker der Länder aus den Reihen von CDU, SPD und CSU an den Koalitionsverhandlungen zwischen den künftigen Bündnispartnern beteiligt und insoweit in die Planung der politischen Themen sowie deren inhaltlichen Ausgestaltung für die anstehende Wahlperiode auf Bundesebene einbezogen (vgl. Sturm 2014: 212-215). Vergleichbares war bei den Sondierungs- und Koalitionsverhandlungen im Nachgang zur Bundestagswahl 2017 der Fall (vgl. Siefken 2018: 420-424).

Die MPK sowie die Konferenzen einzelner Fachministerinnen und Fachminister treten in gewisser Regelmäßigkeit zusammen, entweder nur im Länderkreis oder mit den im Bund zuständigen Bundesministerinnen und Bundesministern beziehungsweise, im Falle der MPK, mit der Bundeskanzlerin. Vornehmlich sind die MPK und die Fachministerkonferenzen Gremien zur Selbstkoordination, in denen Felder der Zusammenarbeit im Bereich der eigenen Zuständigkeiten der Länder koordiniert und, wo nötig, auch mit dem Bund abgesprochen werden. Sie existieren in unterschiedlich ausdifferenzierten Strukturen, wobei die „Ständige Konferenz der Kultusminister der Länder“ mit einem eigenen Plenum sowie einem

Generalsekretär und Ausschüssen das am stärksten institutionalisierte und formalisierte Format der Zusammenarbeit darstellt. Darüber hinaus beschäftigen sich insbesondere die Fachministerkonferenzen mit praktischen Fragen des Verwaltungsvollzugs und bereiten Gesetzgebungsvorhaben des Bundes und der Länder vor. Ergänzend haben sich zahlreiche unterschiedlich stark institutionalisierte Gremien der Zusammenarbeit zwischen den Ländern, aber auch mit dem Bund herausgebildet, darunter etwa der Wissenschaftsrat zur inhaltlichen und strukturellen Entwicklung der Hochschulen und der Konjunkturrat als Koordinationsmechanismus nach dem Stabilitätsgesetz (vgl. Clostermeyer 2014: 134-139; Zimmer 2010; Hegele/ Behnke 2013; von Beyme 2010: 387-388; Funk 2010: 324-325; Kropp 2010: 125-153; Krick/ von Blumenthal 2013: 291-292; Nagel 2011).

Unter der Kanzlerschaft von Angela Merkel sind verstärkt Fragestellungen und anstehende Gesetzgebungsverfahren von besonderer politischer Bedeutung zu „Chefsachen“ erklärt und ebenfalls im sogenannten „MPK-Verfahren“ besprochen worden, teilweise im Vorfeld des regulären Bundesratsverfahrens, vor allem jedoch als dessen Ersatz. So widmete sich die MPK mit der Bundeskanzlerin (sowie die jeweils vorgeschalteten Vorbereitungen dieser Treffen durch die Konferenz der Chefinnen und Chefs der Staats- und Senatskanzleien mit dem Chef des Bundeskanzleramtes) in den zurückliegenden Jahren etwa Fragen im Zusammenhang mit dem Atomausstieg und der Energiewende, bezüglich des verstärkten Flüchtlingszuzugs oder auch der Neuordnung der Bund-Länder-Finanzbeziehungen (vgl. Funk 2018: 109). Treffen sich die Ministerpräsidentinnen und Ministerpräsidenten in einer vierjährigen Legislaturperiode regulär zweimal mit der Bundeskanzlerin, kam es alleine in der 18. Wahlperiode zwischen 2013 und 2017 zu 64 solcher Spitzentreffen, wie am 3. November 2017 der damalige Staatsminister Helge Braun, im Bundeskanzleramt während dieses Zeitraumes für die Bund-Länder-Koordination zuständig, bei einer Ansprache im Bundesrat selbst hervorhob.[16]

16 Vgl. Plenarprotokoll der 961. Sitzung des Bundesrates, 3. November 2017: 433. Helge Braun nannte in seiner Rede allerdings fälschlicherweise die Zahl von regulär vier Treffen der Ministerpräsidentinnen und Ministerpräsidenten mit der Bundeskanzlerin pro Jahr. Die MPK selbst tagt in der Tat üblicherweise auch viermal pro Jahr, trifft sich jedoch im Regelfall nur an zwei Terminen im Anschluss an die Diskussionen im Länderkreis auch noch mit der Bundeskanzlerin, pro Wahlperiode also insgesamt achtmal. In der 18. Wahlperiode trafen sich die Regierungschefinnen und Regierungschefs der Länder insgesamt 64-mal mit der Bundeskanzlerin und somit achtmal so häufig als unter normalen Umständen (vgl. Funk 2018: 109).

Das MPK-Verfahren mag gegenüber dem regulären Bundesratsverfahren den Vorteil haben, im Rahmen von Verhandlungen zwischen der Regierungschefin des Bundes mit den Regierungschefinnen und Regierungschefs der Länder unterschiedliche Themen auch gesetzgebungsübergreifend miteinander verknüpfen und so schneller zu „Paketlösungen" zu kommen. Dies gilt zumal, als unter Beteiligung des grünen Ministerpräsidenten Winfried Kretschmann aus Baden-Württemberg und des thüringischen Ministerpräsidenten Bodo Ramelow von der Partei Die Linke eine sozusagen „ganz große Koalition" (Greive 2016) im Kanzleramt zusammenkommt. Die MPK wurde deshalb bereits als das „eigentliche Regierungsorgan der Bundesrepublik" (Funk 2016b) sowie „eine Art Nebenregierung" (Greive 2016) bezeichnet – und dem dadurch regelrecht verdrängten Bundesrat nur noch eine entsprechend geminderte Rolle attestiert (vgl. Funk 2018: 110).

Für komplexe und vielschichtige Verhandlungen wie beispielsweise die Mitte Oktober 2016 zustande gekommene Einigung über die Neuregelung der Bund-Länder-Finanzbeziehungen kann man sich zugegebenermaßen kaum ein anderes Format vorstellen, um zumindest Einigkeit über die Grundzüge eines solchen sehr weitreichenden Vorhabens zu erzielen. Wenn das MPK-Verfahren allerdings faktisch anstelle des üblichen Gesetzgebungsprozesses tritt und bei letzterem die politische Einigung nur noch formell nachzuvollziehen ist, machen es die Einigungen auf höchster politischer Ebene faktisch unmöglich, politische Gegensätze öffentlich auszutragen und dadurch politische Unterschiede zu verdeutlichen. Vielmehr lösen die Verständigungen zwischen den höchsten Amtsträgerinnen und Amtsträgern der Exekutive des Bundes und der Länder einen Konsenszwang aus, der einer Parteipolitisierung der in diesem Verfahren behandelten Themen entgegenwirkt. Politische Unterschiede werden durch die Konsensrunden bei der Bundeskanzlerin, an deren Ergebnisse sich alle Teilnehmerinnen und Teilnehmer (zumeist) gebunden fühlen, nivelliert, so dass die Bewältigung von Problemen und Konflikten, die inhärent politischer Natur sind, zur Managementaufgabe verkommt. Gleichzeitig können durch den Wegfall der fachlich-administrativen Feinabstimmung von Gesetzen zwischen dem Bund und den Ländern innerhalb des regulären Bundesratsverfahrens Umsetzungshindernisse entstehen, die die Ergebnisse des MPK-Verfahrens weniger belastbar und weniger wirksam werden lassen (vgl. Funk 2015b) – zumal die Bundeskanzlerin in den Runden von ihren Fachministerinnen und Fachministern sowie Fachbeamtinnen und Fachbeamten begleitet wird und somit auch zu Spezialfragen auf entsprechende Expertise zurückgreifen kann, während den Ministerpräsidentinnen und Ministerpräsidenten bestenfalls ihre Kanzleichefinnen und Kanzleichefs zur Seite stehen (vgl. Greive 2016). Gerade bei zahlreichen Gesetzgebungsvorhaben im Zusammenhang mit der Bewältigung des verstärkten Zuzugs von Flüchtlingen seit September 2015 wurde dies augenscheinlich, als Fristverkürzungen im ersten und zweiten Durchgang[17] sowie „unechte" zweite Durchgänge das Bild prägten (vgl. Bundesrat 2016; Funk 2015b) und die Entmachtung der Länderkammer durch die „politische Umgehungsinstanz" (Funk 2016c) der MPK deutlich zum Vorschein kam. Nicht selten erschwerten die grundsätzlichen Einigungen auf höchster Ebene die dann nachgelagerten Detailverhandlungen auf fachlicher beziehungsweise fachpolitischer Ebene. So geschehen etwa auf einer MPK zur Asyl- und Flüchtlingspolitik am 24. September 2015, auf der man sich überraschend zu nächtlicher Stunde und ohne vorangegangene Einbindung der fachlich zuständigen Verkehrs- beziehungsweise Finanzminister der Länder auch auf die Höhe des Bundesanteils an den Kosten für den öffentlichen Personennahverkehr und dessen Verteilung unter den Ländern verständigte und dies im Beschlussprotokoll der Sitzung unter der Überschrift „Asyl- und Flüchtlingspolitik" festhielt (MPK-Beschluss 2015: 10). Im Nachgang führte die Verständigung zu diesem finanzwirksamen Thema, das den zu der Sitzung eingeladenen Ministerpräsidentinnen und Ministerpräsidenten im Vorfeld nicht als Beratungspunkt angemeldet wurde, zu erheblichen politischen Dissonanzen unter den Ländern sowie mit dem Bund, so dass schließlich Nachverhandlungen zwischen Bund und Ländern notwendig wurden, die am 16. Juni 2016 in einen neuerlichen MPK-Beschluss (2016: 2) mit verändertem Finanzvolumen mündeten (vgl. Otto 2015; Miethe 2016).

Neben dem parteiübergreifenden Austausch zwischen den Fachministerinnen und Fachministern der Länder und des Bundes tauschen sich diese in unterschiedlichen Regelmäßigkeiten auch entlang von Parteizugehörigkeiten untereinander aus. Angelehnt an eine vom damaligen Bundeskanzler Helmut Schmidt im Jahre 1976 erstmals vorgenommene Unterscheidung der SPD-geführten Länder in „A-Länder" und der Länder mit unionsgeführter Regierung in „B-Länder" (vgl. etwa Schrenk 2010: 366;

17 Insgesamt gab es während der 18. Wahlperiode von Oktober 2013 bis September 2017 262 Bitten der Bundesregierung oder des Deutschen Bundestages um fristverkürzte Behandlungen von Gesetzesvorlagen im ersten oder im zweiten Durchgang der Länderkammer (vgl. Bundesrat 2017a). Die hohe Zahl belegt, dass ein erheblicher Anteil der Gesetzesvorhaben in einer kürzeren als vom Grundgesetz eigentlich vorgesehenen Zeit behandelt worden ist.

Lehmbruch 1998; Leonardy 2002: 182), orientieren sich die parteipolitischen Koordinationsrunden der Fachministerinnen und Fachminister an der jeweiligen Parteizugehörigkeit nach einem A-, B-, F- (FDP), G- (Bündnis 90/ Die Grünen) und L- (Die Linke) Muster. Vor der Sitzung der jeweiligen Fachministerkonferenz, in einzelnen Bereichen jedoch in einem sehr viel engeren, mitunter sogar wöchentlichen Rhythmus besprechen sich so beispielsweise die A-Finanzministerinnen, die B-Innenminister, die G-Umweltministerinnen und die A-Arbeits- und Sozialminister oder deren Staatssekretärinnen und Staatssekretäre, entweder persönlich oder in Telefonkonferenzen. Nicht selten nimmt ein Ressortchef oder eine Ressortchefin aus diesem Kreis, häufig mit enger politischer Verankerung in Berlin und nicht selten auch mit einer aktiven Rolle innerhalb der jeweiligen Bundespartei, eine aktive Koordinationsfunktion für seine beziehungsweise ihre Partei wahr, die oft mit verstärkter medialer Aufmerksamkeit auf Bundesebene einher geht.

Die parteipolitische Unterscheidung in „A-“ und „B-Länder“ galt im Bundesratsverfahren lange als hilfreiche Kategorisierung der vormals existierenden politischen Lager zwischen den von der SPD alleine sowie in unterschiedlichen Koalitions-Konstellationen mit Grünen und Linkspartei regierten „A-Ländern“ und den von der Union alleine sowie mit der FDP regierten „B-Ländern“.[18] Diese Unterscheidung hat vor dem Hintergrund der zwischenzeitlich deutlich gestiegenen Vielfalt in der parteipolitischen Zusammensetzung der 16 Landesregierungen und der Tatsache, dass zwei Ministerpräsidenten weder CDU/ CSU noch der SPD angehören, mittlerweile jedoch deutlich an Prägnanz verloren. Angesichts von derzeit insgesamt

18 Leichte Abweichungen von dieser Kategorisierung gibt es in der Zuordnung der Länder im Sprachgebrauch der MPK, die die Differenzierung in A- und B-Länder alleine an der Partei der Ministerpräsidentin oder des Ministerpräsidenten orientiert, so dass in diesem Format auch die von SPD und CDU gemeinsam regierten Länder entweder als A- oder B-Länder gelten. Das in den Jahren 2011 bis 2016 von einer grün-roten Koalition regierte Baden-Württemberg, das in diese Zuordnung nicht passte, wurde zuweilen als „G-Land“ bezeichnet (vgl. FAZ 2011); das seit 2014 rot-rot-grün regierte Thüringen gelegentlich als „L-Land“ (vgl. Funk 2014b). Beides hat im MPK-Format sicherlich seine Richtigkeit. Im Bundesratsverfahren richtet sich die Kategorisierung in „A-“ und „B-Länder“ hingegen nach der Einordnung in den „A-Block“ von Ländern mit roter, rot-grüner, grün-roter oder rot-rot-grüner Regierung und in den „B-Block“ von Ländern mit schwarzer und schwarz-gelber Regierung, was das zwischen 2011 und 2016 grün-rot regierte Baden-Württemberg und das seit 2014 rot-rot-grün regierte Thüringen zu „A-Ländern“ werden ließ. Große Koalitionen sowie Länder mit Koalitionskonstellationen, die beide Lager umfassen, werden als „neutrale Länder“ betrachtet.

fünf Bundesländern[19] mit grün-schwarzen, schwarz-grünen, rot-gelb-grünen, schwarz-rot-grünen und schwarz-grün-gelben Regierungen, die überlappend zu dieser Kategorisierung angeordnet sind, ohne zum Kreis der Großen Koalitionen zu gehören, scheint diese Kategorisierung langsam an Aussagekraft und somit an Bedeutung zu verlieren (vgl. Funk 2016a; Eubel 2016; Übersicht 1).

Eine weitere Möglichkeit, sich innerhalb einzelner Parteien auch zu konkreten Gesetzgebungsvorhaben zu koordinieren, besteht durch die institutionelle Verzahnung von Verantwortungsträgern im Bund und in den Ländern durch deren jeweilige Mitgliedschaft in den Vorständen oder Präsidien ihrer Parteien auf Bundesebene (vgl. Leonardy 2002: 188-189). So gehören beispielsweise die Ministerpräsidentinnen und Ministerpräsidenten von CDU und SPD kraft Amtes in zumindest beratender Funktion ihren jeweiligen Vorstandsgremien an oder sind in die entsprechenden Ämter gewählt. Ferner finden sich unter den Mitgliedern der jeweiligen Vorstandsgremien häufig weitere Verantwortungsträgerinnen und Verantwortungsträger aus den Ländern, darunter beispielsweise Landesministerinnen und Landesminister sowie eine Reihe von stellvertretenden Ministerpräsidentinnen und stellvertretenden Ministerpräsidenten aus den Ländern, in denen die jeweiligen Parteien als kleinere Koalitionspartner an der Regierung beteiligt sind. Diese enge Verzahnung von Verantwortungsträgerinnen und Verantwortungsträgern aus Bund und Ländern kann dazu beitragen, Bund-Länder-Konflikte bereits in der Positionierung der jeweiligen Partei abzumildern beziehungsweise bei ihrem Entstehen parteiintern auszutragen und einer Lösung zuzuführen.

Innerhalb des Bundesratsverfahrens verläuft die Koordination des Abstimmungsverhaltens eines Landes im Regelfall zwischen den betroffenen Fachabteilungen der Ministerien, deren politischer Hausleitung, der jeweiligen Regierungszentrale sowie der Landesvertretung in Berlin. Innerhalb der Länder wird dabei angestrebt, divergierende Voten einzelner Ressorts untereinander in Einklang zu bringen. Parallel hierzu und in stetiger Rückkopplung zueinander wird in Berlin zwischen den Landesvertretungen und gegebenenfalls auch gemeinsam mit der Bundesregierung und den Bundestagsfraktionen versucht, untereinander mehrheitsfähige Voten

19 Bei diesen Ländern handelt es sich um Baden-Württemberg (Grüne-CDU), Hessen (CDU-Grüne), Rheinland-Pfalz (SPD-FDP-Grüne), Sachsen-Anhalt (CDU-SPD-Grüne) und Schleswig-Holstein (CDU-Grüne-FDP), wie in der Darstellung der gegenwärtigen Zusammensetzung des Bundesrates in Übersicht 1 gesehen werden kann.

abzustimmen. In den jeweiligen Ländern obliegt die Federführung der politischen Koordination bei der Vorbereitung der Plenarsitzungen des Bundesrates in erster Linie den Bevollmächtigten der Länder. Bei diesen handelt es sich entweder um Politikerinnen und Politiker im Range einer Ministerin oder eines Ministers beziehungsweise einer Staatssekretärin oder eines Staatssekretärs mit Kabinettsrang *oder* um Beamtinnen und Beamte im Range einer Staatssekretärin oder eines Staatssekretärs ohne Kabinettsrang beziehungsweise einer Beamtin oder eines Beamten im höheren Dienst, in aller Regel mit institutioneller Verankerung in der jeweiligen Regierungszentrale und persönlich enger Anbindung beziehungsweise Vertrauensstellung zu seiner Regierungschefin beziehungsweise seinem Regierungschef (vgl. Schrenk 2010: 361). Zudem ist den Bevollmächtigten die jeweilige Vertretung ihres Landes beim Bund in Berlin unterstellt.

In Berlin tauschen sich die Bevollmächtigten im Regelfall einmal wöchentlich in der Sitzung des Ständigen Beirats im Bundesratsgebäude miteinander aus und bereiten in diesem Forum nicht nur die Sitzungen des Bundesrates vor, sondern koordinieren sich auch mit der Bundesregierung und besprechen weitere gemeinsame Angelegenheiten. Im Vorfeld der wöchentlichen Sitzung des Ständigen Beirats treffen sich die A- und B-Bevollmächtigten untereinander in Vorbesprechungen, jeweils ergänzt um politische Vertrauenspersonen aus denjenigen Ländern, in denen die SPD beziehungsweise die CDU zwar an der Regierung beteiligt ist, nicht jedoch den Bevollmächtigten stellt. Ebenfalls beteiligt sind an diesen Vorbesprechungen Vertreterinnen und Vertreter der jeweiligen Bundestagsfraktion sowie der Bundesregierung, die für die Koordination der jeweiligen Regierungspartei sowie die Kontakte zu „ihren" Ländervertreterinnen und Ländervertretern zuständig sind (vgl. Ismayr 2012: 251; Cecere 2011: 58-60). Neben der Vorbereitung der Sitzung des Ständigen Beirats ist es die Hauptaufgabe dieser Besprechungen, geplante politische Initiativen frühzeitig zu koordinieren und das Abstimmungsverhalten, soweit dies (partei-)politisch geboten scheint, zu harmonisieren. Die Bevollmächtigten wiederum stehen innerhalb ihrer Länder in engem Kontakt zu den Chefinnen und Chefs der Staats- und Senatskanzleien und tauschen sich zu Themen von besonderer politischer Bedeutung ebenfalls eng mit den jeweils zuständigen Fachministerinnen und Fachministern ihres Landes aus. Ebenfalls wöchentlich beraten sich die Chefinnen und Chefs der Staats- und Senatskanzleien der A-Länder sowie die der B-Länder getrennt voneinander, im Regelfall in Form einer Telefonkonferenz und unter Beteiligung des Chefs des Bundeskanzleramts beziehungsweise seines regierungsinternen Pendants des Koalitionspartners (vgl. Sturm 2013; Sattar/ Burger/ Holl 2012).

Informiert über die Vorbereitungen der jeweiligen Plenarsitzung sind die Bevollmächtigten nicht nur über ihre jeweiligen Fachreferentinnen und Fachreferenten, die sich ihrerseits im Länderkreis untereinander austauschen und sich für gewöhnlich im Vorfeld der Sitzungen ihrer Bundesratsausschüsse in politischen Vorbesprechungen nach parteipolitischem Muster zusammenfinden. Wichtig für die Vorbereitung der Plenarsitzungen sind zudem die ebenfalls länderübergreifenden politischen Vorbereitungsrunden auf Ebene der für die Bundesratskoordination zuständigen Referentinnen und Referenten der Landesvertretungen, die sich, je nach parteipolitischer Couleur, in unterschiedlichen Phasen des dreiwöchigen Bundesratsdurchganges untereinander abstimmen. Während die A-Koordination und die G-Koordination sich insbesondere auf jeweils einem Treffen am Mittwoch der Koordinationswoche über die anstehende Plenarsitzung des Bundesrates austauscht und dabei Themen der länderübergreifenden fachlichen wie politischen Koordination identifiziert und analysiert, treffen sich die Vertreterinnen und Vertreter der B-Seite sowohl in der Koordinations- wie auch in der Plenarwoche zur gegenseitigen Information und Abstimmung. Die in diesen Runden ausgemachten Tagesordnungspunkte werden im Folgenden innerhalb der Länder, soweit angebracht auch länderübergreifend im Kreise der Bevollmächtigten sowie gegebenenfalls der Fachministerinnen und Fachminister mit dem Ziel einer gemeinsamen Linie erörtert.

Politische Themen von grundsätzlicher Bedeutung, zu denen sich auch nach der Runde der für die Bundesratskoordination zuständigen Referentinnen und Referenten der Landesvertretungen keine gemeinsame Linie abzeichnet und eine solche in der Folge auch auf der Ebene der Bevollmächtigten beziehungsweise der Fachministerinnen und Fachminister nicht erreicht werden kann, werden für gewöhnlich in den nach Parteilinien sortierten Spitzenrunden am Vorabend der Bundesratssitzung besprochen. Seit Frühjahr 2018 tagen in der Landesvertretung von Rheinland-Pfalz in der so genannten „Dreyer-Runde" unter Vorsitz der rheinland-pfälzischen Ministerpräsidentin Malu Dreyer die sozialdemokratischen Ministerpräsidentinnen und Ministerpräsidenten sowie die von der SPD gestellten stellvertretenden Ministerpräsidentinnen und stellvertretenden Ministerpräsidenten. Für gewöhnlich nehmen auch die Spitzen der Bundespartei und der Bundestagsfraktion sowie des „Vizekanzleramts" an der Runde teil, die sich bis zur Berufung von Olaf Scholz zum Bundesminister der Finanzen im April 2018 unter dessen Leitung in der Landesvertretung von Hamburg traf. Der damalige Erste Bürgermeister der Freien und Hansestadt Hamburg saß jedoch nicht einmal zwölf Monate dieser Runde vor, die zuvor und bis zum Ende der Regierungszeit von Hannelore Kraft als nordrhein-westfälischer Ministerpräsidentin im Juni 2017 unter der Bezeichnung „Kraft-Runde“ regelmäßig in der Landesvertretung von Nordrhein-Westfalen tagte und wiederum davor unter Leitung von Kurt Beck als „Beck-Runde“ in der Landesvertretung von Rheinland Pfalz beheimatet war. Die Union trifft sich in entsprechendem Format zur „Merkel-Runde“, die reihum in einer Vertretung derjenigen Länder tagt, in der die Union an der Regierung beteiligt ist. Bündnis 90/ Die Grünen treffen sich zum „Grünen Kamin“ in der Landesvertretung von Baden-Württemberg, an dem neben dem baden-württembergischen Ministerpräsidenten und den von den Grünen gestellten stellvertretenden Ministerpräsidentinnen und Ministerpräsidenten weitere Politikerinnen und Politiker der grün mitregierten Länder sowie Vertreterinnen und Vertreter der Bundespartei und der Bundestagsfraktion teilnehmen. Gleiches gilt für die politischen Vertreterinnen und Vertreter der Linkspartei, die sich zur „Ramelow-Runde“ in der thüringischen Landesvertretung einfinden (vgl. Sturm 2013; Funk 2014a; Funk 2015a; Wehner 2014; Eubel 2016; Knaup 2017). Auch die Vertreterinnen und Vertreter der FDP, die zwischenzeitlich weder im Bundestag noch in einer Landesregierung vertreten war, koordinieren sich im Vorfeld der Sitzungen der Länderkammer (vgl. Rösler 2009 für eine Beschreibung der F-Koordination in der 17. Wahlperiode). Neben Themen, die am Folgetag im Bundesratsplenum zur Entscheidung anstehen, bieten diese Treffen die Möglichkeit, sich über mittel- bis langfristige Gesetzgebungsvorhaben sowie allgemeine politische Fragen und Strategien auszutauschen (vgl. Schrenk 2010: 370; Leonardy 2002: 188-189; Sattar/ Burger/ Holl 2012; Eubel 2016; Cecere 2011: 58-59).

Alleine schon aufgrund der Vielzahl der Entscheidungsträgerinnen und Entscheidungsträger, die in die politische Koordination in den 16 Ländern und mit dem Bund involviert sind, fällt es schwer, Gesetzmäßigkeiten der politischen Entscheidungsfindung und der dieser zugrunde liegenden informellen Koordinationsstrukturen herauszuarbeiten. Hinzu kommt das grundsätzlich nicht-hierarchische Verhältnis der Länder untereinander sowie der Länder mit dem Bund, obgleich sich selbstredend informelle Entscheidungs- und Hierarchiestrukturen herausbilden können, etwa durch die Ausübung bestimmter Koordinationsfunktionen, die oft auch zu Unterschieden im zumindest zugeschriebenen Einfluss führen können (vgl. Funk 2015a). Ferner können Konflikte zwischen dem Bund und einzelnen oder allen Ländern sowie deren jeweilige Betroffenheit höchst unterschiedlicher Natur sein, was Lösungen oft vom Einzelfall und zudem von den jeweiligen Mehrheitsverhältnissen abhängig werden lässt. Auch die jüngst deutlich gestiegene parteipolitische Vielfalt in den Landesregierungen trägt dazu bei, noch stärker auch über Parteigrenzen hinweg Kompromisse zu schließen, die pragmatische und einzelfallorientierte Lösungsansätze jenseits des politischen Lagerdenkens beinhalten können (vgl. etwa Bartsch et al. 2018). Eine Rolle spielen zudem auch situative Faktoren in den unterschiedlichen politischen Abstimmungs- und Entscheidungsrunden. Dies gilt insbesondere für die Spitzenrunden am Vorabend der jeweiligen Plenarsitzungen, die nicht selten zu überraschenden und in dieser Form nicht vorhersehbaren Ergebnissen kommen, da gerade die Verhandlungsverläufe auf höchster Ebene schwer einschätzbar sind – und zustimmende Entscheidungen mitunter auch über fachfremde Verknüpfungen zu nächtlicher Stunde herbeigeführt werden (vgl. etwa Böll/ Knaupp/ Wiedmann-Schmidt 2017).

Dieser Umstand macht es schwierig, Empfehlungen für die Vertretung von Interessen gegenüber politischen Entscheidungsträgerinnen und Entscheidungsträgern im Bundesratsverfahren abzuleiten. Grundsätzlich gilt natürlich auch hier, dass ein in Ausarbeitung befindlicher Gesetzentwurf leichter in einer frühzeitigen Verfahrensphase verändert werden kann, in der der Entwurf noch nicht mit allzu vielen Beteiligten koordiniert worden ist. Je mehr Beteiligte einer geplanten Regelung bereits zugestimmt haben, umso schwieriger ist deren Modifizierung. Sollte ein Interesse aber noch nicht in einem von der Bundesregierung beschlossenen Gesetzentwurf verankert worden sein, kann ein Bezug hierauf in einer im ersten Durchgang des Bundesrates beschlossenen Stellungnahme durchaus hilfreich sein, da diese Stellungnahmen Eingang in das parlamentarische Gesetzgebungsverfahren im Bundestag finden. Auf Länderseite sind die Fachministerinnen und Fachminister sowie die Bevollmächtigten derjenigen Länder, die fachlich betroffen sind und über ein entsprechendes politisches Profil verfügen beziehungsweise kohärente politische Zielsetzungen haben, im Regelfall gute Ansprechpartnerinnen und Ansprechpartner zur Interessenvermittlung (vgl. etwa Mai 2013: 312). Wenn diese zudem eine fachliche Koordinationsfunktion innerhalb ihrer Partei ausüben, die oft auch mit einer entsprechenden funktionalen Verankerung in der jeweiligen Bundespartei einhergeht, kann das die Berücksichtigung des vorgebrachten Interesses noch weiter begünstigen. Geschmälert sind die Erfolgschancen jedoch, wenn Anliegen erst nach den Ausschussberatungen vorgebracht werden (vgl. Lennartz/ Kiefer 2014: 191). Insgesamt sind die Erfolgsbedingungen von Lobbyismus allerdings von höchst unterschiedlichen, oft auch situativen Rahmenbedingungen und Akteurskonstellationen abhängig, die Vorhersagen über die jeweiligen Erfolgschancen erschweren oder gar unmöglich werden lassen (vgl. etwa von Winter 2014: 182-183). Dies gilt in gleicher Weise für die Entscheidungsprozesse im Bundesratsverfahren.

7 Der Vermittlungsausschuss: Forum zur Kompromissfindung mit hoher Gestaltungskraft

Wenn es trotz der gemeinhin umfangreichen fachlichen wie politischen Koordination innerhalb eines Gesetzgebungsverfahrens bei unterschiedlichen Positionen zwischen der Länderkammer einerseits und dem Bundestag und der Bundesregierung andererseits bleibt, die sich bis zur Abstimmung im zweiten Durchgang im Bundesrat nicht zu einem Ausgleich bringen lassen, können im Rahmen eines Vermittlungsverfahrens ein oder gegebenenfalls mehrere weitere Einigungsversuche unternommen werden. Im Erfolgsfalle liegt mit dem Ergebnis des Vermittlungsverfahrens ein Einigungsvorschlag vor, der allerdings vom Bundestag und vom Bundesrat noch bestätigt werden muss, ehe das durch den Einigungsvorschlag modifizierte Gesetz in Kraft treten kann. Dem Vermittlungsausschuss selbst kommt somit keine übergeordnete Entscheidungsbefugnis zu, aber den vom Vermittlungsausschuss vorgelegten Einigungsvorschlägen, die einen Kompromiss zwischen Bundestags- und Bundesratsmehrheit im Vermittlungsausschuss herbeiführen, stimmen Bundestag und Bundesrat in aller Regel im Nachgang zu. Dies unterstreicht die Gestaltungskraft, die dem Ausschuss gerade in Zeiten unterschiedlicher Mehrheiten zwischen dem Bundestag und dem Bundesrat zukommt (vgl. Scherf/ Bücker 2011: 134).

Als gemeinsamer Ausschuss des Deutschen Bundestages und des Bundesrates ist der Vermittlungsausschuss paritätisch mit je 16 Mitgliedern beider Organe besetzt. Innerhalb des Vermittlungsverfahrens sind auch die vom Bundesrat entsandten Mitglieder nicht an Weisungen gebunden, was die Kompromissfindung erleichtern soll. Auch wenn die Mitglieder der Länderkammer dadurch keiner formellen Rechenschaftspflicht gegenüber ihrer Landesregierung unterliegen, ist die politische Erwartung an sie offenkundig, sich im Nachgang zum erfolgreichen oder auch nicht-erfolgreichen Abschluss eines Vermittlungsverfahrens zu ihrem Verhalten auch öffentlich zu erklären und das Ergebnis vor dem Hintergrund der grundsätzlichen Haltung der jeweiligen Landesregierung zu bewerten. Eine solche Einordnung des Ergebnisses aus der eigenen Sicht stellt keinen Verstoß gegen die Vertraulichkeit dar, der die Sitzungsverläufe des Vermittlungsausschusses unterliegen.

Von den 16 Mitgliedern des Bundestages darf jede Fraktion so viele Abgeordnete in den Ausschuss entsenden, wie es ihrem Stärkeverhältnis entspricht. Je nach parteipolitischer Konstellation im Bundestag und Bundesrat können die parteipolitischen Mehrheitsverhältnisse im Vermittlungsausschuss sehr unterschiedlich sein. Von Bedeutung kann dies werden, sofern die Mitglieder des Ausschusses, die den Oppositionsparteien im Bund angehören, über die Mehrheit von 17 der insgesamt 32 Stimmen im Vermittlungsausschuss verfügen, da dieser Beschlüsse gemäß § 8 seiner Geschäftsordnung mit der Mehrheit der anwesenden Mitglieder fasst. Liegt die „Geschäftsordnungs-“ beziehungsweise „Verfahrensmehrheit“ bei den Oppositionsparteien, können diese beispielsweise auch die Beratung von Gesetzen im Vermittlungsausschuss vertagen, ohne ein Vermittlungsverfahren förmlich zu beenden, was ihnen faktisch die Möglichkeit gibt, den Abschluss eines Vermittlungsverfahrens durch Vertagungsbeschlüsse hinauszuzögern, wie in Kapitel 4 bereits dargestellt. Denkbar ist ein solches Hinauszögern bis zum Ende der Wahlperiode, zu dem alle nicht abgeschlossenen Gesetzgebungsvorhaben dem Grundsatz der Diskontinuität anheimfallen. Faktisch kann eine Verfahrensmehrheit der Opposition im Vermittlungsausschuss damit auch das Zustandekommen eines Einspruchsgesetzes durch anhaltende Vertagung im Vermittlungsausschuss verhindern (vgl. Podschull-Wellmann 2013: 37). Geht mit der Mehrheit im Vermittlungsausschuss eine Stimmenmehrheit im Plenum der Länderkammer einher, kann die Opposition zu allen Gesetzen den Vermittlungsausschuss anrufen und durch ihre Verfahrensmehrheit im Ausschuss deren Beratung immer wieder vertagen. Das eigentlich suspensiv angelegte Veto der Länderkammer bei Einspruchsgesetzen kann sich somit wie ein absolutes Veto auswirken.

In der 17. Wahlperiode des Deutschen Bundestages lagen die Verfahrensmehrheit im Vermittlungsausschuss ab Juni 2012 sowie die absolute Mehrheit der Stimmen im Bundesratsplenum ab Februar 2013 und bis zum Ende der Wahlperiode bei den Oppositionsparteien. Verantwortlich für die Verfahrensmehrheit im Vermittlungsausschuss auf Seiten der Opposition ab Juni 2012 war neben der Wahl in Schleswig-Holstein, die zur Ablösung einer schwarz-gelben durch eine rot-grüne Regierung führte, auch eine Veränderung unter den vom Bundestag in den Vermittlungsausschuss entsandten Mitglieder. Durch das Ausscheiden von zwei Bundestagsabgeordneten der Unionsfraktion, die als sogenannte „Überhangmandate“ nicht nachbesetzt werden konnten, verlor diese zwei Sitze, was das Stärkeverhältnis der Fraktionen untereinander dahingehend veränderte, dass die Union einen Sitz im Vermittlungsausschuss an Bündnis 90/ Die Grünen abgeben musste (vgl. Podschull-Wellmann 2013: 33-34 und 39-40). Der Verfahrensmehrheit im Vermittlungsausschuss folgte mit dem Regierungswechsel in

Niedersachsen am 19. Februar 2013 auch die Mehrheit der Oppositionsparteien in der Länderkammer, so dass diese faktisch in der Folge zu allen Gesetzen den Vermittlungsausschuss hätte anrufen und durch ihre Verfahrensmehrheit im Vermittlungsausschuss deren Beratung immer wieder hätte vertagen können. Auch bei Einspruchsgesetzen verfügte die damalige Opposition in der Länderkammer somit faktisch über eine absolute und nicht nur ein suspensive Vetomöglichkeit.

In der 18. Wahlperiode lag die Verfahrensmehrheit vollständig beim Regierungslager. Dies war allerdings weniger relevant als in der 17. Wahlperiode, da die Verfahrensmehrheit im Vermittlungsausschuss zu keiner Zeit gleichlaufend mit der Mehrheit in der Länderkammer war. So waren die der SPD und der CDU angehörenden Regierungschefs der Länder innerhalb der Kompromisssuche im Vermittlungsausschuss angehalten, die Haltung ihrer jeweiligen Koalitionsparteien frühzeitig mitzudenken, um Verhandlungsergebnisse auch „plenarfest" zu machen (vgl. Podschull-Wellmann 2018: 49). Angesichts der politischen Konstellationen verlagerte sich, wie in Kapitel 8.3 noch zu sehen sein wird, die Konsensfindung in der 18. Wahlperiode jedoch vornehmlich in informelle Arenen außerhalb formeller Verfahren (vgl. Decker 2018: 109), so dass die Bedeutung des Vermittlungsausschusses und seiner Verfahren in dieser Phase deutlich zurückging.

Neben einer Verzögerung kann eine Verfahrensmehrheit der Regierungs- oder der Oppositionsseite auch ein Vermittlungsergebnis durch den Ausschuss gegen die jeweils andere Seite beschließen lassen, das dann zwar mehrheitlich zustande gekommen ist, aber eben gerade nicht auf einem Kompromiss beruht, der von beiden Seiten getragen wird. In einem solchen Fall spricht man, wie oben bereits dargestellt, von einem „unechten" Vermittlungsergebnis, da das Ergebnis eben gerade nicht Ausdruck eines vermittelnden Kompromissvorschlages ist. Solche „unechten" Vermittlungsergebnisse können etwa zustande kommen mit dem Ziel, den öffentlichen Druck auf die jeweils andere Seite zum Einschwenken auf die eigene Linie zu erhöhen, führen aber im Regelfall nur dazu, dass entweder der Bundestag oder der Bundesrat die Zustimmung zu dem derart modifizierten Gesetz verweigert beziehungsweise erneut den Vermittlungsausschuss anruft, soweit das Anrufungsrecht des jeweiligen Organs durch eine bereits erfolgte Anrufung noch nicht verwirkt ist (vgl. Lennartz/ Kiefer 2014: 189).

Bei Einspruchsgesetzen kann der Bundesrat den Vermittlungsausschuss innerhalb einer Frist von drei Wochen nach Zugang des Gesetzesbeschlusses des Bundestages anrufen und erst nach Abschluss eines Vermittlungsverfahrens seinen Einspruch gegen das Gesetz einlegen. Bei Zustimmungsgesetzen können neben dem Bundesrat auch der Bundestag und die Bundesregierung den Vermittlungsausschuss jeweils einmal anrufen, sobald der Bundesrat einem Gesetz seine Zustimmung verweigert hat, so dass es insgesamt bis zu drei Vermittlungsverfahren zu einem solchen Gesetz geben kann. Auch bei Zustimmungsgesetzen gilt für den Bundesrat die dreiwöchige Frist, innerhalb derer ihm eine Anrufung des Vermittlungsausschusses möglich ist, wohingegen das Grundgesetz dem Bundestag und der Bundesregierung eine „angemessene Frist" zur Einberufung zubilligt, ohne diese näher zu qualifizieren.[20]

Einberufen werden kann der Vermittlungsausschuss vom Bundesrat mit dem Ziel, einen Gesetzesbeschluss des Bundestages abzuändern, zu ergänzen oder aufzuheben. In der Praxis hat sich als häufigstes Anrufungsziel die Abänderung eines Gesetzes erwiesen (vgl. Podschull-Wellmann 2013: 16), wobei dieses Anrufungsziel entweder mit konkreten Änderungswünschen versehen werden oder als offene Forderung auf die grundlegende Überarbeitung des Gesetzes abstellen kann. Bundesregierung und Bundestag ist die Anrufung mit dem Ziel der Aufhebung des Gesetzes verwehrt, da sie sich ansonsten innerhalb des Gesetzgebungsverfahrens in Widerspruch zu ihrer bisherigen Haltung setzen würden, doch können auch sie den Vermittlungsausschuss offen und damit ohne weitere Konkretisierung des damit verfolgten Ziels anrufen (vgl. Podschull-Wellmann 2013: 16.).

Das Ziel eines Vermittlungsverfahrens besteht darin, konfliktäre Positionen zu einem Gesetz durch einen kompromissorientierten Einigungsvorschlag zum Ausgleich zu bringen. Zur Vorbereitung eines solchen Vorschlags können vom Vermittlungsausschuss auch Unterausschüsse oder Arbeitsgruppen eingerichtet werden, wovon insbesondere bei umfangreichen Gesetzen oder komplexen Vermittlungsverfahren, die eine hohe Expertise verlangen, Gebrauch gemacht wird. Üblicherweise gehen den Sitzungen des Vermittlungsausschusses Vorbesprechungen der A- und der B-Seite voraus. Ausgehend von der Feststellung, dass dem Vermittlungsausschuss entsprechend der verfassungsrechtlichen Ausgestaltung des Gesetzgebungsverfahrens im Grundgesetz kein eigenes Gesetzesinitiativrecht zukomme, sondern er lediglich zwischen den zuvor im parlamentarischen Beratungsverfahren behandelten Regelungsalternativen vermittle, hat das Bundesverfassungsgericht den Dispositionsrahmen des Ausschusses in mehreren Entscheidungen dahingehend begrenzt, dass er Änderungsvorschläge lediglich auf Basis des vom Bundestag beschlossenen Gesetzes und des vorherigen

20 Vgl. die Ausführungen in Fußnote 8 zur Frage der Festlegung der Angemessenheit von Fristen für Verfassungsorgane bei der Gesetzgebungstätigkeit.

Gesetzgebungsverfahrens vornehmen kann (vgl. Borowy 2010). Änderungsvorschläge des Vermittlungsausschusses sind somit inhaltlich an einen Rahmen gebunden, der aus Anträgen und Stellungnahmen der Bundestagsabgeordneten, des Bundesrates und der Bundesregierung zu dem zugehörigen Gesetz innerhalb des parlamentarischen Verfahrens im Bundestag und im Bundesrat besteht. Ferner ist der Dispositionsrahmen bezüglich seines Umfanges auf das jeweilige Anrufungsbegehren begrenzt, was im Falle eines oder mehrerer konkret vorgebrachter Anrufungsgründe und damit im Gegensatz zu einer offenen Anrufung den Vermittlungsausschuss in seinen Aktivitäten auf eben diese Anrufungsgründe beschränkt (vgl. ; Lennartz/ Kiefer 2014: 189; Podschull-Wellmann 2013: 44-46). Vom Bundesverfassungsgericht bislang nicht beantwortet ist jedoch die Frage, wie es um den Dispositionsrahmen des Gremiums im Falle eines sogenannten „unechten" zweiten Durchganges bestimmt ist, in dem der Länderkammer keine Möglichkeit gegeben war, zu dem Gesetz im Entwurfsstadium Stellung zu nehmen. Auch dies hat dazu geführt, dass Gesetzesänderungen, die zwar innerhalb eines Vermittlungsverfahrens verabredet werden, jedoch außerhalb des jeweiligen Dispositionsrahmens liegen, für gewöhnlich in begleitenden Protokollerklärungen zugesagt werden (vgl. Lennartz/ Kiefer 2014: 187).

Falls sich die Ausschussmitglieder nicht einigen können, kann das Vermittlungsverfahren frühestens in der dritten Sitzung zu dem Gesetz abgeschlossen werden. Einzelne Sitzungen können dabei auch vertagt oder unterbrochen werden, so dass fortgesetzte Sitzungen nicht notwendigerweise als eigenständige Sitzungen zählen. Sitzungen können bei entsprechenden Verfahrensmehrheiten auch en bloc abgehalten werden, wenn sich die Beteiligten einig in ihrer Uneinigkeit sind (vgl. Lennartz/ Kiefer 2014: 189).

Wenn der Einigungsvorschlag das zugrundeliegende Gesetz modifiziert, stimmen zunächst der Bundestag und anschließend der Bundesrat über das Gesetz in der neuen Fassung ab. Bestätigt der Vermittlungsausschuss das Gesetz in unveränderter Form, ist eine erneute Beschlussfassung des Bundestages nicht erforderlich.

Vermittlungsverfahren sind alleine schon im Hinblick auf logistische Aspekte recht aufwändig, schließlich müssen insbesondere die Vertreterinnen und Vertreter der jeweiligen Länder – im Regelfall die jeweiligen Ministerpräsidentinnen und Ministerpräsidenten – extra nach Berlin anreisen. Ein Vermittlungsverfahren kann zudem das Gesetzgebungsverfahren erheblich verzögern. Es entspricht deshalb geübter Praxis, dass die Bundesregierung zur Vermeidung eines Vermittlungsverfahrens bei strittigen Gesetzen in einer im Bundesrat zum zugehörigen Tagesordnungspunkt zu Protokoll gegebenen Erklärung verbindliche politische Zusagen macht, die nicht selten zwischen dem Bund und einzelnen oder allen Ländern abgestimmt sind und eine Zustimmung des Bundesrates im Gegenzug zu inhaltlichen Zugeständnissen des Bundes ermöglichen sollen. Solche Zusagen erstrecken sich in diesem Zusammenhang in der Regel auf die Vorlage von Gesetzes- oder Verordnungsentwürfen, können aber auch die Verpflichtung zur Vornahme anderer Handlungen beinhalten.

Dem Vermittlungsausschuss kommt gerade in Zeiten gegenläufiger Mehrheitsverhältnisse große Gestaltungskraft zu (vgl. etwa Scherf/ Bücker 2011: 148). Seine Ergebnisse finden im Regelfall eine hohe politische Akzeptanz sowie die Bestätigung des Bundestages und des Bundesrates, was ihn zu einer „effizienten Institution politischer Deliberation“ (Lhotta 2002) werden lässt. Wie sich sein Wirken zwischen den Bundestagswahlen 2009 und 2017 in der 17. und 18. Wahlperiode niederschlug, wird im folgenden Kapitel beleuchtet.

8 Institutionelle Blockaden durch inkongruente Mehrheiten von Bundestag und Bundesrat? Erkenntnisse aus der 17. und der 18. Wahlperiode

Nach Darstellung der administrativ-institutionellen sowie der politischen Entscheidungsfindungsmechanismen im Bund-Länder-Gefüge soll nun der Blick auf deren Auswirkungen auf die konkrete Gesetzgebung in der 17. und der 18. Wahlperiode des Deutschen Bundestages gerichtet werden. Ausgehend von der eingangs aufgeworfenen Fragestellung hinsichtlich der Blockadeanfälligkeit des Gesetzgebungsprozesses bei nicht deckungsgleichen parteipolitischen Mehrheiten in Bundestag und Bundesrat soll hierbei insbesondere der Frage nachgegangen werden, wie viele und welche Gesetze in beiden Wahlperioden durch eine Zustimmungsverweigerung des Bundesrates nicht zustande gekommen sind und wie hoch der Anteil der nicht zustande gekommenen Gesetze an der Gesetzgebung in der jeweiligen Legislaturperiode gewesen ist.

Wie bereits in Kapitel 1 hervorgehoben, ist das Scheitern von Gesetzgebungsverfahren einer von mehreren Indikatoren, mit der in der politikwissenschaftlichen Literatur das Blockadepotential im Gefüge des deutschen Föderalismus angesichts auseinanderlaufender oder gar gegenläufiger Mehrheiten in Bundestag und Bundesrat untersucht worden ist. Als weitere Indikatoren für das Blockadepotential als Konsequenz von „divided government" (Burkhart 2008) werden zeitliche Verzögerungen von Gesetzgebungsverfahren und häufige Anrufungen des Vermittlungsausschusses sowie legislative Selbstbeschränkungen, ineffiziente Politikergebnisse und politischer Immobilismus genannt (vgl. Burkhart/ Manow 2006: 808-813, Burkhart 2008: 95-160; Lehmbruch 2000; Scharpf 1985; Scharpf 1989).

In einer zusammenfassenden Darstellung hebt Arthur Benz (2009: 108) hervor, dass die meisten Gesetzesvorhaben Detailregelungen beträfen, die zwischen einzelnen Parteien nicht kontrovers seien. Parteipolitisch strittig sei lediglich eine kleine Anzahl von Gesetzesvorhaben, denen politische Richtungsentscheidungen zugrunde liegen. Empirische Analysen bestätigen diese Aussage und kommen zu dem Ergebnis, dass der Anteil der aufgrund mangelnder Zustimmung der Länderkammer nicht zustande gekommenen Gesetze äußerst gering ist. Roland Lhotta (2003: 19-21) stellt beispielsweise auf Basis der vom Bundesrat über die Gesetzgebungstätigkeit für die 1. bis 14. Wahlperiode und somit die Jahre 1949 bis 2002 veröffentlichten Zahlen fest, dass die Länderkammer in diesem Zeitraum nur selten Einsprüche eingelegt und ebenfalls in nur wenigen Fällen die Zustimmung zu einem Gesetz, einer Rechtsverordnung oder einer Verwaltungsvorschrift abschließend versagt hat, so dass er zum Fazit einer „überaus erfolgreichen und kooperativen Mitregierung des Bundesrates beim Abschluss von Gesetzgebungsvorhaben und bei der Mitwirkung an der Verwaltung" (Lhotta 2003: 21) kommt. Klaus Stüwe (2004: 29) bestätigt diese Feststellung und betont, der Bundesrat habe zwischen 1949 und September 2003 lediglich 1,08 Prozent der Gesetze und 0,7 Prozent der Rechtsverordnungen abschließend seine Zustimmung versagt.

Angesichts derartiger Analysen unterstreicht Arthur Benz (2009: 111), dass die Blockadethese zwar als widerlegt betrachtet werden könne, die quantitative Betrachtung alleine jedoch keine Aussage über die Gesetzgebungsqualität ermögliche und man aus den Zahlen ebenfalls nicht ablesen könne, ob eher weniger wichtige oder aber wichtige Reformgesetze nicht zustande gekommen sind und inwieweit die zustande gekommenen Gesetze eine Veränderung des Status quo zum Inhalt gehabt hätten. Hinzu komme, dass die Zahlen keine Aussage darüber ermöglichten, welche Gesetzgebungsvorhaben eine Bundesregierung aufgrund mangelnder Mehrheitsaussichten im Bundesrat gar nicht erst initiiert habe, so Benz.

Dieser Feststellung von Arthur Benz ist sicherlich zuzustimmen. Zu diskutieren wäre darüber hinaus aus meiner Sicht, ob ein weitgehendes Verständnis des Blockadebegriffes, das auch legislative Selbstbeschränkungen, die Häufigkeit von Vermittlungsverfahren oder die Dauer der Gesetzgebungsverfahren als Indikatoren des Blockadepotentials der Länderkammer betrachtet, in einem föderalen Regierungsgefüge mit einem bikameralen System angezeigt sein kann. Zunächst erscheint es fraglich, inhaltliche Veränderungen von Gesetzgebungsvorhaben oder länger andauernde Aushandlungsprozesse, die auf eine im Gesetzgebungsprozess zu beteiligende Verfassungsinstitution zurückgehen, per se in einen Blockadezusammenhang zu stellen. Vielmehr entspringt es der Logik bikameraler Systeme, dass die zweite Kammer gerade in grundsätzlichen politischen Fragestellungen durchaus auch anderer Meinung als die erste Kammer sein kann, was zu länger dauernden Verhandlungsprozessen sowie inhaltlichen Kompromissen führen kann. Wie in Kapitel 2 dargelegt, können die Interessen eines Landes oder des Bundes in der Politikgestaltung nicht unabhängig von den Parteien betrachtet werden, die in Regierungsverantwortung stehen und darüber die Interessen der jeweiligen Gebietskörperschaft definieren. Unterschiedliche Parteikonstellationen im Bund und in den Ländern können zu unterschiedlichen, gegebenenfalls auch sich widerstreitenden

Interesselagen zwischen Bund und Ländern führen – ohne dass diese zwangsläufig parteitaktisch motivierten Blockadehaltungen entspringen. Darüber hinaus ist es schwierig, Aussagen über die inhaltliche Qualität von Gesetzen oder den ihnen zugrunde liegenden politischen Kompromissen zu machen, zumal Effektivität und Effizienz keine eindeutig zu bewertenden politischen Kategorien sind und auch nicht sein können (vgl. Münch 2013).

In diesem Buch soll der Blockadebegriff deshalb anhand der vom Bundestag beschlossenen Gesetze analysiert werden, die an einer Zustimmungsversagung der Länderkammer abschließend gescheitert sind. Ausgehend von den quantitativen Angaben des Bundesrates (2018: 317-319) über den Gang der Gesetzgebung in der 17. und 18. Wahlperiode sowie insbesondere über die gescheiterten Gesetzgebungsvorhaben innerhalb dieses Zeitraumes wird im Folgenden untersucht, ob auch die diesen Vorhaben zugrunde liegenden Regelungen nicht zustande gekommen sind oder ob diese innerhalb der formellen oder informellen Verhandlungsprozesse zwischen Bundestag, Bundesrat und Bundesregierung Eingang in andere Gesetzgebungsverfahren gefunden haben. Darüber hinaus soll bei den abschließend gescheiterten Gesetzesvorhaben untersucht werden, ob vornehmlich parteitaktische Motive für die Ablehnung der Länderkammer geltend gemacht werden können, was als Beleg für Politikblockaden zu bewerten wäre. Damit berücksichtigt die Analyse nicht nur die abstrakten Zahlen der Gesetzgebungstätigkeit in beiden Wahlperioden, sondern bezieht insbesondere für die 17. Wahlperiode auch die Ergebnisse der Verhandlungen im Rahmen zahlreicher Vermittlungsverfahren und deren Auswirkungen auf die Gesetzgebung mit ein.

Zunächst sind bei der Betrachtung des Untersuchungszeitraumes die Mehrheitsverhältnisse in der Länderkammer in der 17. und 18. Wahlperiode (2009 bis 2017) von Bedeutung, um erkennen zu können, zu welchen Zeitpunkten die Mehrheiten in Bundestag und Bundesrat gleichlaufend, auseinanderlaufend oder gegenläufig waren. Diese Mehrheitsverhältnisse werden im folgenden Kapitel 8.1 dargestellt. Die Kapitel 8.2 und 8.3 erläutern sodann die zwischen Bundestag und Bundesrat strittigen Gesetzgebungsverfahren in der 17. und 18. Wahlperiode, ehe Kapitel 8.4 die Ergebnisse dieser Analyse für beide Wahlperioden resümiert.

8.1 Mehrheitsverhältnisse im Bundestag, im Bundesrat und im Vermittlungsausschuss in der 17. und 18. Wahlperiode: Von gleichlaufenden Mehrheiten zur komplexen Vielfalt

Zu Beginn der 17. Wahlperiode, die offiziell mit dem ersten Zusammentritt des 17. Deutschen Bundestages am 27. Oktober 2009 begann, konnte sich die damals aus Union und FDP gebildete Bundesregierung zunächst auf eine politisch korrespondierende Mehrheit von 37 Stimmen in der Länderkammer stützen, wie in Übersicht 2 dargestellt.

Übersicht 2: Mehrheitsverhältnisse im Bundestag, Bundesrat und Vermittlungsausschuss zu Beginn der 17. Wahlperiode (Stichtag: 10.11.2009)

Zusammensetzung Deutscher Bundestag

CDU/ CSU	SPD	FDP	Die Linke	B 90/ Die Grünen	Gesamtzahl
239	146	93	76	68	622

Bundestagswahl am 27.09.2009, Konstituierung des 17. Deutschen Bundestages am 27.10.2009, Regierungsbildung am 28.10.2009 zwischen CDU/ CSU und FDP bei absoluter Mehrheit der Koalitionsfraktionen mit 332 von 622 Mandaten (absolute Mehrheit: 312 Mandate, Zweidrittelmehrheit: 415 Mandate).

Zusammensetzung Bundesrat

Land	Stimmen	Regierungsparteien (MP-Partei erstgenannt)			Datum letzte Landtagswahl	Vermittlungsausschuss
Baden-Württemberg (BW)	6	CDU	FDP		26.03.2006	CDU
Bayern (BY)	6	CSU	FDP		28.09.2018	CSU
Berlin (BE)	4	SPD	Die Linke		17.09.2006	SPD
Brandenburg (BB)	4	SPD	Die Linke		27.09.2009	SPD
Bremen (HB)	3	SPD	B 90/ Die Grünen		13.05.2007	SPD
Hamburg (HH)	3	CDU	B 90/ Die Grünen		24.02.2008	CDU
Hessen (HE)	5	CDU	FDP		18.01.2009	CDU
Mecklenburg-Vorpommern (MV)	3	SPD	CDU		17.09.2006	SPD
Niedersachsen (NI)	6	CDU	FDP		27.01.2008	CDU
Nordrhein-Westfalen (NW)	6	CDU	FDP		22.05.2005	CDU
Rheinland-Pfalz (RP)	4	SPD			26.03.2006	SPD
Saarland (SL)	3	CDU	FDP	B 90/ Die Grünen	30.08.2009	CDU
Sachsen (SN)	4	CDU	FDP		30.08.2009	CDU
Sachsen-Anhalt (ST)	4	CDU	SPD		26.03.2006	CDU
Schleswig-Holstein (SH)	4	CDU	FDP		27.09.2009	CDU
Thüringen (TH)	4	CDU	SPD		30.08.2009	CDU

In der Spalte „Vermittlungsausschuss" ist die Parteizugehörigkeit des ordentlichen Mitglieds des Landes im Vermittlungsausschuss angegeben.

Stimmenzahl insgesamt: 69 Stimmen, Mehrheit: 35 Stimmen, Zweidrittelmehrheit: 46 Stimmen

Regierungslager/ B-Länder (BW, BY, HE, NI, NW, SN, SH): 37 Stimmen, Oppositionslager/ A-Länder (BE, BB, HB, RP): 15 Stimmen, neutrale Länder (HH, MV, SL, ST, TH): 17 Stimmen

Stimmen unter „Parteikontrolle": SPD: 26 Stimmen, CDU/ CSU: 54 Stimmen, B 90/ Die Grünen: 9 Stimmen, Die Linke: 8 Stimmen, FDP: 40 Stimmen

Zusammensetzung Vermittlungsausschuss

Mitglieder des Deutschen Bundestages

CDU/ CSU	SPD	FDP	Die Linke	B 90/ Die Grünen	Mitglieder BT insgesamt
7	4	2	2	1	16

Mitglieder des Bundesrates

CDU/ CSU	SPD	Mitglieder BR insgesamt
11	5	16

Mitglieder insgesamt

CDU/ CSU	SPD	FDP	Die Linke	B 90/ Die Grünen	Mitglieder VA insgesamt
18	9	2	2	1	32

Von den insgesamt 32 Stimmen sind 20 Stimmen zugehörig zum Regierungslager und 12 Stimmen zugehörig zum Oppositionslager.

Stichtag: 10.11.2009 im Nachgang zur Konstituierung des 17. Deutschen Bundestages am 27.10.2009, der Regierungsbildung im Bund am 28.10.2009 und den Regierungsbildungen in den Ländern Sachsen (CDU-FDP am 29.09.2009), Schleswig-Holstein (CDU-FPD am 27.10.2009), Brandenburg (SPD-Die Linke am 06.11.2009), Thüringen (CDU-SPD am 04.11.2009) und Saarland (CDU-FDP-Bündnis 90/ Die Grünen am 10.11.2009) infolge von Landtagswahlen in diesen Ländern im zeitlichen Umfeld der Bundestagswahl.

Quellen: Angaben von Referat Z 4 (Dokumentation) des Sekretariats des Bundesrates, eigene Recherchen im Datenhandbuch zur Geschichte des Deutschen Bundestages (https://www.bundestag.de/dokumente/parlamentsarchiv/datenhandbuch) und auf der Internetseite des Vermittlungsausschusses (www.vermittlungsausschuss.de) sowie Bundeswahlleiter (2018: 5), Feldkamp (2018) und Podschull-Wellmann (2013: 39-40).

Diese Mehrheit verlor die Bundesregierung allerdings nach der Landtagswahl in Nordrhein-Westfalen im Mai 2010 und der anschließenden Bildung einer rot-grünen Minderheitsregierung an Rhein und Ruhr im Juli 2010. Durch eine Reihe von Ländern, die von SPD und Union gemeinsam regiert wurden, hatten fortan weder das Regierungs- noch das Oppositionslager im Bundesrat eine eigene Mehrheit. Infolge weiterer Regierungswechsel in Hamburg am 7. März 2011, in Baden-Württemberg am 12. Mai 2011 und in Schleswig-Holstein am 12. Juni 2012 wuchs der Stimmenanteil des Oppositionslagers jedoch stetig. Nachdem, wie bereits in Kapitel 7 dargestellt, im Juni 2012 die Geschäftsordnungsmehrheit im Vermittlungsausschuss an die Oppositionsparteien gefallen war, lag die Mehrheit nach dem Regierungswechsel in Niedersachsen am 19. Februar 2013 angesichts einer weiteren rot-grünen Regierung auch im Plenum der Länderkammer bei den sogenannten A-Ländern[21], die ab diesem Zeitpunkt 36 Stimmen auf sich vereinen konnten und damit auch über eine „Anrufungsmehrheit" verfügten (vgl. Podschull-Wellmann 2013: 34-36). Fortan und bis zum Ende der 17. Wahlperiode konnte die Oppositionsmehrheit dadurch zu jedem Gesetz den Vermittlungsausschuss anrufen und dort mittels Verfahrensmehrheit die Sitzungen steuern und Beratungsgegenstände endlos vertagen, so dass faktisch nicht nur Zustimmungsgesetze, sondern auch Einspruchsgesetze auf Dauer hätten blockiert werden können.

21 Hierbei handelte es sich zum damaligen Zeitpunkt um die Länder Baden-Württemberg (Grüne-SPD), Brandenburg (SPD-Linke), Bremen (SPD-Grüne), Hamburg (SPD), Niedersachsen (SPD-Grüne), Nordrhein-Westfalen (SPD-Grüne), Rheinland-Pfalz (SPD-Grüne) und Schleswig-Holstein (SPD-Grüne-SSW [Südschleswigscher Wählerverband, Partei der dänischen Minderheit]), wie in der Darstellung der Zusammensetzung des Bundesrates zu Beginn der 18. Wahlperiode in Übersicht 3 gesehen werden kann.

Übersicht 3: Mehrheitsverhältnisse im Bundestag, Bundesrat und Vermittlungsausschuss zu Beginn der 18. Wahlperiode (Stichtag: 18.01.2014)

Zusammensetzung Deutscher Bundestag

CDU/ CSU	SPD	Die Linke	Bündnis 90/ Die Grünen	Gesamtzahl
311	193	64	63	631

Bundestagswahl am 22.09.2013, Konstituierung des 18. Deutschen Bundestages am 22.10.2013, Regierungsbildung am 17.12.2013 zwischen CDU/ CSU und SPD bei Zweidrittelmehrheit der Koalitionsfraktionen mit 504 von 631 Mandaten (absolute Mehrheit: 316 Mandate, Zweidrittelmehrheit: 421 Mandate).

Zusammensetzung Bundesrat

Land	Stimmen	Regierungsparteien (MP-Partei erstgenannt)			Datum letzte Landtagswahl	Vermittlungsausschuss
Baden-Württemberg (BW)	6	B 90/ Die Grünen	SPD		27.03.2011	B 90/ Die Grünen
Bayern (BY)	6	CSU			15.09.2013	CSU
Berlin (BE)	4	SPD	CDU		18.09.2011	SPD
Brandenburg (BB)	4	SPD	Die Linke		27.09.2009	SPD
Bremen (HB)	3	SPD	B 90/ Die Grünen		22.05.2011	SPD
Hamburg (HH)	3	SPD			20.02.2011	SPD
Hessen (HE)	5	CDU	B 90/ Die Grünen		22.09.2013	CDU
Mecklenburg-Vorpommern (MV)	3	SPD	CDU		04.09.2011	SPD
Niedersachsen (NI)	6	SPD	B 90/ Die Grünen		20.01.2013	SPD
Nordrhein-Westfalen (NW)	6	SPD	B 90/ Die Grünen		13.05.2012	SPD
Rheinland-Pfalz (RP)	4	SPD	B 90/ Die Grünen		27.03.2011	SPD
Saarland (SL)	3	CDU	SPD		25.03.2012	CDU
Sachsen (SN)	4	CDU	FDP		30.08.2009	CDU
Sachsen-Anhalt (ST)	4	CDU	SPD		20.03.2011	CDU
Schleswig-Holstein (SH)	4	SPD	B 90/ Die Grünen	SSW*	06.05.2012	SPD
Thüringen (TH)	4	CDU	SPD		30.08.2009	CDU

* Mit SSW ist der „Südschleswigsche Wählerverband“ gemeint, die Partei der dänischen Minderheit in Schleswig-Holstein.

In der Spalte „Vermittlungsausschuss“ ist die Parteizugehörigkeit des ordentlichen Mitglieds des Landes im Vermittlungsausschuss angegeben.

Stimmenzahl insgesamt: 69 Stimmen, Mehrheit: 35 Stimmen, Zweidrittelmehrheit: 46 Stimmen

Regierungslager (BY, BE, HH, MV, SL, ST, TH): 27 Stimmen, Oppositionslager: 0 Stimmen, gemischtes Lager (BW, BB, HB, HE, NI, NW, RP, SN, SH): 42 Stimmen

A-Länder (BW, BB, HB, HH, NI, NW, RP, SH): 36 Stimmen, B-Länder (BY, SN): 10 Stimmen, neutrale Länder (BE, HE, MV, SL, ST, TH): 23 Stimmen.

Stimmen unter „Parteikontrolle“: SPD: 54 Stimmen, CDU/ CSU: 33 Stimmen, B 90/ Die Grünen: 34 Stimmen, Die Linke: 4 Stimmen, FDP: 4 Stimmen, SSW: 4 Stimmen

Zusammensetzung Vermittlungsausschuss

Mitglieder des Deutschen Bundestages

CDU/ CSU	SPD	Die Linke	B 90/ Die Grünen	Mitglieder BT insgesamt
7	5	2	2	16

Mitglieder des Bundesrates

CDU/ CSU	SPD	B 90/ Die Grünen	Mitglieder BR insgesamt
6	9	1	16

Mitglieder insgesamt

CDU/ CSU	SPD	Die Linke	B 90/ Die Grünen	Mitglieder VA insgesamt
13	14	2	3	32

Von den insgesamt 32 Stimmen sind 27 Stimmen zugehörig zum Regierungslager und 5 Stimmen zugehörig zum Oppositionslager.

Stichtag: 18.01.2014 im Nachgang zur Konstituierung des 18. Deutschen Bundestages am 22.10.2013, der Regierungsbildung im Bund am 17.12.2013 und der Regierungsbildung in Hessen am 18.01.2014 infolge der Landtagswahl vom 22.09.2013, die einen Wechsel von CDU-FDP zu CDU-Grüne gebracht hat.

Quellen: Angaben von Referat Z 4 (Dokumentation) des Sekretariats des Bundesrates, eigene Recherchen im Datenhandbuch zur Geschichte des Deutschen Bundestages (https://www.bundestag.de/dokumente/parlamentsarchiv/datenhandbuch) und auf der Internetseite des Vermittlungsausschusses (www.vermittlungsausschuss.de) sowie Bundeswahlleiter (2018: 5), Feldkamp (2018) und Podschull-Wellmann (2018): 50.

In der 18. Wahlperiode des Deutschen Bundestages ab dem 22. Oktober 2013 konnte sich die aus Union und SPD zusammengesetzte Bundesregierung zu keinem Zeitpunkt auf eine eigene Bundesratsmehrheit stützen. Zu Beginn der Wahlperiode konnten die Länder, die entweder von SPD und Union alleine oder aber von SPD und Union gemeinsam regiert wurden, lediglich 27 Stimmen in der Länderkammer auf sich vereinen, wie in Übersicht 3 gesehen werden kann.[22] Mit dem Amtsantritt der schwarz-roten Regierung in Sachsen am 13. November 2014 erhöhte sich die Stimmenzahl

22 Bei den dem parteipolitisch dem Regierungslager zugehörigen Ländern handelt es sich zum damaligen Zeitpunkt um Bayern (CSU), Berlin (SPD-CDU), Hamburg (SPD), Mecklenburg-Vorpommern (SPD-CDU), Saarland (CDU-SPD), Sachsen-Anhalt (CDU-SPD) und Thüringen (CDU-SPD).

des Regierungslagers kurzzeitig auf 31, reduzierte sich mit Antritt der rot-rot-grünen Regierung in Thüringen am 5. Dezember 2014 jedoch rasch wieder auf 27 Stimmen. Durch Bildung der rot-grünen Regierung in Hamburg am 15. April 2015, die die vorangegangene SPD-Alleinregierung abgelöst hatte, kamen dem Regierungslager weitere drei Stimmen abhanden, so dass es in der Länderkammer fortan nur noch auf 24 Stimmen kam. Weitere acht Stimmen für das Regierungslager fielen ab 25. April 2016 mit Bildung der schwarz-rot-grünen Regierung in Sachsen-Anhalt sowie ab dem 8. Dezember 2016 mit Bildung der rot-rot-grünen Regierung in Berlin weg. Bis zum Ende der Wahlperiode verfügten Union und SPD im Bundesrat somit nur noch über 16 Stimmen, wie in Übersicht 4 dargestellt.[23]

23 Diese Summe von 16 Stimmen setzte sich zusammen aus den Stimmen der Länder Bayern (CSU), Mecklenburg-Vorpommern (SPD-CDU), Saarland (CDU-SPD) und Sachsen (CDU-SPD).

Übersicht 4: Mehrheitsverhältnisse im Bundestag, Bundesrat und Vermittlungsausschuss am Ende der 18. Wahlperiode (Stichtag: 23.09.2017)

Zusammensetzung Deutscher Bundestag

CDU/ CSU	SPD	Die Linke	B 90/ Die Grünen	fraktionslos	Gesamtzahl
309	193	64	63	1	630

Bundestagswahl am 22.09.2013, Konstituierung des 18. Deutschen Bundestages am 22.10.2013, Regierungsbildung am 17.12.2013 zwischen CDU/ CSU und SPD bei Zweidrittelmehrheit der Koalitionsfraktionen mit 502 von 630 Mandaten (absolute Mehrheit: 316 Mandate, Zweidrittelmehrheit: 420 Mandate).

Kleine Veränderungen in der Zusammensetzung haben sich im Verlauf der 18. Wahlperiode dadurch ergeben, dass für ein am 04.09.2015 aus dem Bundestag ausgeschiedenes Mitglied, das der CDU/ CSU-Fraktion angehörte, keine Person in den Bundestag nachgerückt ist, da die betreffende Landesliste der Partei ausgeschöpft war. Eine weitere Abgeordnete ist mit Wirkung vom 15.01.2017 aus der CDU/ CSU-Fraktion ausgetreten und gehörte dem Bundestag fortan als fraktionslose Abgeordnete an.

Zusammensetzung Bundesrat

Land	Stimmen	Regierungsparteien (MP-Partei erstgenannt)			Datum letzte Landtagswahl	Vermittlungsausschuss
Baden-Württemberg (BW)	6	B 90/ Die Grünen	CDU		13.03.2016	B 90/ Die Grünen
Bayern (BY)	6	CSU			15.09.2013	CSU
Berlin (BE)	4	SPD	Die Linke	B 90/ Die Grünen	18.09.2016	SPD
Brandenburg (BB)	4	SPD	Die Linke		14.09.2014	SPD
Bremen (HB)	3	SPD	B 90/ Die Grünen		10.05.2015	SPD
Hamburg (HH)	3	SPD	B 90/ Die Grünen		15.02.2015	SPD
Hessen (HE)	5	CDU	B 90/ Die Grünen		22.09.2013	CDU
Mecklenburg-Vorpommern (MV)	3	SPD	CDU		04.09.2016	SPD
Niedersachsen (NI)	6	SPD	B 90/ Die Grünen		20.01.2013	SPD
Nordrhein-Westfalen (NW)	6	CDU	FDP		14.05.2017	CDU
Rheinland-Pfalz (RP)	4	SPD	FDP	B 90/ Die Grünen	13.03.2016	SPD
Saarland (SL)	3	CDU	SPD		26.03.2017	CDU
Sachsen (SN)	4	CDU	SPD		31.08.2014	CDU
Sachsen-Anhalt (ST)	4	CDU	SPD	B 90/ Die Grünen	13.03.2016	CDU
Schleswig-Holstein (SH)	4	CDU	B 90/ Die Grünen	FDP	07.05.2017	CDU
Thüringen (TH)	4	Die Linke	SPD	B 90/ Die Grünen	14.09.2014	Die Linke

In der Spalte „Vermittlungsausschuss" ist die Parteizugehörigkeit des ordentlichen Mitglieds des Landes im Vermittlungsausschuss angegeben.

Stimmenzahl insgesamt: 69 Stimmen, Mehrheit: 35 Stimmen, Zweidrittelmehrheit: 46 Stimmen

Regierungslager (BY, MV, SL, SN): 16 Stimmen, Oppositionslager: 0 Stimmen, gemischtes Lager (BW, BE, BB, HB, HH, HE, NI, NW, RP, ST, SH, TH): 53 Stimmen

A-Länder (BE, BB, HB, HH, NI, TH): 24 Stimmen, B-Länder (BY, NW): 12 Stimmen, neutrale Länder (BW, HE, MV, RP, SL, SN, ST, SH): 33 Stimmen

Stimmen unter „Parteikontrolle“: SPD: 42 Stimmen, CDU/ CSU: 41 Stimmen, B 90/ Die Grünen: 43 Stimmen, Die Linke: 12 Stimmen, FDP: 14 Stimmen

Zusammensetzung Vermittlungsausschuss

Mitglieder des Deutschen Bundestages

CDU/ CSU	SPD	Die Linke	B 90/ Die Grünen	Mitglieder BT insgesamt
7	5	2	2	16

Mitglieder des Bundesrates

CDU/ CSU	SPD	Die Linke	B 90/ Die Grünen	Mitglieder BR insgesamt
7	7	1	1	16

Mitglieder insgesamt

CDU/ CSU	SPD	Die Linke	B 90/ Die Grünen	Mitglieder VA insgesamt
14	12	3	3	32

Von den insgesamt 32 Stimmen sind 26 Stimmen zugehörig zum Regierungslager und 6 Stimmen zugehörig zum Oppositionslager.

Stichtag: 23.09.2017 am Vortag der Bundestagswahl und im Vorfeld der (vorgezogenen) Neuwahl des Landtages von Niedersachsen am 15.10.2017, in deren Folge die rot-grüne Landesregierung Niedersachsens am 22.11.2017 durch eine rot-schwarze Landesregierung abgelöst wurde.

Quellen: Angaben von Referat Z 4 (Dokumentation) des Sekretariats des Bundesrates, eigene Recherchen im Datenhandbuch zur Geschichte des Deutschen Bundestages (https://www.bundestag.de/dokumente/parlamentsarchiv/datenhandbuch) und auf der Internetseite des Vermittlungsausschusses (www.vermittlungsausschuss.de) sowie Bundeswahlleiter (2018: 5), Feldkamp (2018) und Podschull-Wellmann (2018: 50).

Von Beginn der 18. Wahlperiode bis zu den Wahlen in Baden-Württemberg und Rheinland-Pfalz am 13. März 2016 gab es zwar eine parteipolitische Mehrheit der A-Länder im Bundesrat. Aus SPD und Bündnis 90/ Die Grünen sowie Die Linke zusammengesetzt, bestand diese aber aus Parteien, die auf Bundesebene dem Regierungs- wie dem Oppositionslager zuzuordnen waren. Gleichwohl gab diese parteipolitische Mehrheit den A-Ländern bis zum Frühjahr 2016 die Möglichkeit, jenseits der Regierungs- und Oppositionslogik bestimmte gemeinsame Anliegen voranzubringen und einer

Beschlussfassung zuzuführen. Ab Mai 2016, mit Amtsantritt der grün-schwarzen Regierung in Stuttgart und Bildung der rot-gelb-grünen Regierung in Mainz, existierte diese A-Länder-Mehrheit bis zum Ende der Wahlperiode jedoch nicht mehr. Nach weiteren Regierungswechseln in Nordrhein-Westfalen und Schleswig-Holstein im Juni 2017 stieg vielmehr die Vielfältigkeit der in den Ländern existierenden Regierungskonstellationen auf ein nie gekanntes Ausmaß an, was mit einer weiter fortschreitenden Auflösung der klassischen parteipolitischen Blöcke aus A- und B-Ländern einher ging. So regierten am Ende der 18. Wahlperiode in den 16 Ländern insgesamt 13 unterschiedliche Parteienformationen, wie in Übersicht 4 gesehen werden kann.

Diese parteipolitisch vielfältige Konstellation hielt in der am 24. Oktober 2017 beginnenden 19. Wahlperiode bis zum Redaktionsschluss dieses Buches Ende November 2018 an, wie in Übersicht 1 dargestellt, auch wenn innerhalb der 19. Wahlperiode bislang zwei Landesregierungen ihre parteipolitische Zusammensetzung veränderten: Die rot-grüne Regierung in Niedersachsen wurde infolge der vorgezogenen Landtagswahl am 15. Oktober 2017 von einem rot-schwarzen Bündnis abgelöst, und die bis zur Landtagswahl am 14. Oktober 2018 in Bayern alleine regierende CSU bildete am 12. November 2018 eine Koalitionsregierung mit der Partei der Freien Wähler. Beide Regierungswechsel änderten jedoch nichts an der Gesamtkonstellation von 13 unterschiedlichen Regierungskonstellationen in den 16 Ländern.

Insgesamt ist für die 18. Wahlperiode hinsichtlich der parteipolitischen Mehrheiten festzuhalten, dass es bis Mai 2016 zwar keine Regierungs-, aber zumindest eine A-Länder-Mehrheit gab, die eine Anrufung des Vermittlungsausschusses herbeiführen konnte. Mit zunehmender Dauer der Wahlperiode verringerte sich die Stimmenzahl des Regierungslagers, so dass für eine zur Zustimmung zu einem Gesetz notwendige Mehrheit in der Länderkammer zunächst nur die Stimmen mindestens eines grün-mitregierten Landes, im weiteren Verlauf der Legislatur die Stimmen mehrerer grün-mitregierter Länder für die Mehrheitsbildung erforderlich waren. Im Vorfeld parteipolitisch strittiger Abstimmungen richtete sich der Blick zu Beginn der 18. Wahlperiode häufig neben der schwarz-gelben Landesregierung in Sachsen, die im November 2015 von einer schwarz-roten und damit dem Regierungslager zugehörigen Landesregierung abgelöst wurde, auf das damals grün-rot regierte Baden-Württemberg, da die sechs Stimmen des Landes ausreichend für das Erreichen einer Zustimmungsmehrheit waren und der grüne Ministerpräsident des südwestdeutschen Landes für politische Verhandlungen und Kompromisse zugänglicher schien als die Vertreterinnen und Vertreter seiner Partei in anderen Ländern (vgl. Leithäuser 2016a; 2016b). Die Verfahrensmehrheit im Vermittlungsausschuss lag zwar über die gesamte Legislaturperiode hinweg mit 27 beziehungsweise 26 der insgesamt 32 Mitglieder beim Regierungslager, doch handelte es sich hierbei nicht um „plenarfeste" Mehrheiten, da für die Abstimmungen im Plenum immer noch die jeweiligen Koalitionspartner miteinzubeziehen waren, wie in Kapitel 7 bereits dargestellt (vgl. Podschull-Wellmann 2018: 47-50).

8.2 Gesetzgebung in der 17. Wahlperiode: Konsens trotz Konkurrenz

Ausweislich des jährlichen Handbuches des Bundesrates (2018: 317-319) wurden in der 17. Wahlperiode zwischen dem 27. Oktober 2009 und dem 21. Oktober 2013 insgesamt 844 Gesetzesvorlagen beim Deutschen Bundestag eingebracht, entweder durch die Bundesregierung, durch den Bundesrat oder aus der Mitte des Bundestages selbst. 553 Gesetze wurden sodann vom Bundestag beschlossen, dem Bundesrat zugeleitet und von diesem beraten. Zu insgesamt 43 Gesetzgebungsvorhaben wurde der Vermittlungsausschuss einberufen, was einer Anrufungsquote von rund 7,8 Prozent entspricht (vgl. ebd. sowie Reus/ Zohlnhöfer 2015: 252). 18 dieser insgesamt 43 Anrufungen und somit knapp 42 Prozent fielen dabei in die vergleichsweise kurze Zeit zwischen dem Erreichen der A-Länder-Mehrheit im Bundesrat mit Bildung der rot-grünen Landesregierung in Niedersachsen am 19. Februar 2013 und dem Ende der Wahlperiode (vgl. Podschull-Wellmann 2013: 36, 67-77). Von den 553 vom Bundestag beschlossenen und dem Bundesrat zugeleiteten Gesetzen wurden insgesamt 543 Gesetze vom Bundespräsidenten ausgefertigt und verkündet, was somit bei zehn Gesetzesvorhaben nicht der Fall war (vgl. Bundesrat 2018: 317). Dies ergibt, zumindest auf den ersten Blick, eine Quote von 1,8 Prozent der Gesetzesvorhaben, bei denen die Uneinigkeit zwischen Bundestag und Bundesrat nicht ausgeräumt werden konnte.

Tabelle 1: Übersicht über die nicht verkündeten Gesetze der 17. Wahlperiode des Deutschen Bundestages

Name des Gesetzes, Drucksache	zustimmungsbedürftig	Datum 2. DG Bundesrat	Vermittlungsausschuss	Ergebnis beziehungsweise weiteres Verfahren
Jahressteuergesetz 2013, 632/12	ja	23.11.2012 (903)	Anrufung durch Bundesregierung am 28.11.2012, Beschluss Vermittlungsvorschlag am 12.12.2012.	Vermittlungsvorschlag abgelehnt durch Bundestag am 17.01.2013, keine Zustimmung zu unverändertem Gesetz durch Bundesrat am 01.02.2013, Gesetz damit gescheitert. Der Vermittlungsvorschlag vom 12.12.2012 wurde mit Ausnahme der damals strittigen steuerlichen Gleichstellung eingetragener Lebenspartnerschaften mit der Ehe als Ergänzung in das Gesetz zur Umsetzung der Amtshilferichtlinie sowie zur Änderung steuerlicher Vorschriften integriert (Vorschlag Vermittlungsausschuss vom 05.06.2013, Beschluss Bundestag 06.06.2013, Zustimmung Bundesrat 07.06.2013, Drs. 47/13). Die steuerliche Gleichstellung eingetragener Lebenspartnerschaften mit der Ehe erfolgte in Umsetzung eines entsprechenden Urteils des Bundesverfassungsgerichts mit dem Gesetz zur Änderung des Einkommensteuergesetzes in Umsetzung der Entscheidung des Bundesverfassungsgerichts vom 7. Mai 2013 (Beschluss Bundestag 27.06.2013, Zustimmung Bundesrat 05.07.2013, Drs. 532/13).

Name des Gesetzes, Drucksache	**zustim-mungs-bedürftig**	**Datum 2. DG Bun-desrat**	**Vermittlungs-ausschuss**	**Ergebnis beziehungsweise weiteres Verfahren**
Gesetz zur innerstaatlichen Umsetzung des Fiskalvertrags, 689/12	ja	14.12.2012 (904)	Antrag auf Einberufung des Vermittlungsausschusses erhielt im Bundesrat am 14.12.2012 keine Mehrheit und wurde weder von der Bundesregierung noch vom Bundestag gestellt.	Versagung der Zustimmung des Bundesrates zu dem Gesetz am 14.12.2012. In einem zweiten Anlauf nach weiteren intensiven Verhandlungen zwischen dem Bund und den Ländern wurde ein von den Regierungsfraktionen im Bundestag eingebrachtes Gesetz unter gleichem Namen von Bundestag (am 31.03.2013) beschlossen. Nach Bestätigung des Gesetzes im Vermittlungsausschuss am 26.06.2013 fand dieses am 05.07.2013 auch die Zustimmung des Bundesrates (Drs. 540/13), nachdem die Forderung der Länder nach Umsetzung der sogenannten Entflechtungsmittel zeitgleich im Gesetz zur Errichtung eines Sondervermögens „Aufbauhilfe" und zur Änderung weiterer Gesetze vorgesehen wurde (Beschluss Bundestag 28.06.2013, Zustimmung Bundesrat 05.07.2013, Drs. 531/13). Weitere Regelungen des ursprünglichen Gesetzes hinsichtlich der gemeinsamen Finanzierung der Investitions- und Betriebskosten von 30.000 zusätzlichen Kinderbetreuungsplätzen fanden Eingang in das Gesetz zur zusätzlichen Förderung von Kindern unter drei Jahren in Tageseinrichtungen und in Kindertagespflege (Beschluss Bundestag 31.01.2013, Zustimmung Bundesrat 01.02.2013, Drs. 44/13).

Name des Gesetzes, Drucksache	zustimmungsbedürftig	Datum 2. DG Bundesrat	Vermittlungsausschuss	Ergebnis beziehungsweise weiteres Verfahren
Gesetz zu dem Abkommen vom 21. September 2011 zwischen der Bundesrepublik Deutschland und der Schweizerischen Eidgenossenschaft über Zusammenarbeit in den Bereichen Steuern und Finanzmarkt in der Fassung vom 5. April 2012, 645/12	ja	23.11.2012 (903)	Anrufung durch Bundesregierung am 28.11.2012, Beschluss Vermittlungsvorschlag (Aufhebung des Gesetzes) am 12.12.2012.	Vermittlungsvorschlag abgelehnt durch Bundestag am 17.01.2013, keine Zustimmung zu unverändertem Gesetz durch Bundesrat am 01.02.2013, Gesetz damit gescheitert.
Gesetz zur Verkürzung der Aufbewahrungsfristen sowie zur Änderung weiterer steuerlicher Vorschriften, 316/13	ja	03.05.2013 (909)	Anrufung durch Bundesrat am 03.05.2016, Vermittlungsausschuss hat Beratungen zu dem Gesetz in der Fortsetzung seiner 23. Sitzung am 26.06.2013 zum zweiten Mal vertagt.	Gesetz fiel mit dem Ende der 17. Wahlperiode des Bundestages der Diskontinuität anheim. Teile des Gesetzes wurden mit dem Gesetz zur Umsetzung der Amtshilferichtlinie sowie zur Änderung steuerlicher Vorschriften (VA-Vorschlag vom 05.06.2013, Beschluss Bundestag 06.06.2013, Zustimmung Bundesrat 07.06.2013, Drs. 47/13) in Kraft gesetzt.
Gesetz zur Anpassung des Investmentsteuergesetzes und anderer Gesetze an das AIFM-Umsetzungsgesetz (AIFM-Steuer-Anpassungsgesetz – AIFM-StAnpG), 376/13	ja	07.06.2013 (910)	Anrufung durch Bundesrat am 07.06.2016, VA hat Beratungen zu dem Gesetz in seiner 24. Sitzung am 26.06.2013 vertagt.	Gesetz fiel mit dem Ende der 17. Wahlperiode des Bundestages der Diskontinuität anheim. Das Vorhaben wurde in der 18. Wahlperiode des Bundestages als gleichnamige Gesetzesinitiative des Bundesrates wieder aufgegriffen (Drs. 740/13, Beschluss Bundesrat am 08.11.2013) und abgeschlossen (Beschluss Bundestag 28.11.2013, Zustimmung Bundesrat am 29.11.2013, Drs. 784/13).

Name des Gesetzes, Drucksache	zustimmungsbedürftig	Datum 2. DG Bundesrat	Vermittlungsausschuss	Ergebnis beziehungsweise weiteres Verfahren
Gesetz zur Neuordnung der Regulierung im Eisenbahnbereich, 389/13	ja	07.06.2013 (910)	Anrufung durch Bundesrat am 07.06.2013, Vermittlungsverfahren am 26.06.2013 ohne Einigungsvorschlag abgeschlossen.	Erneute Beschlussfassung durch den Bundestag war nicht erforderlich, keine Zustimmung zu unverändertem Gesetz durch Bundesrat am 05.07.2013, Gesetz damit gescheitert. Das Vorhaben wurde in der 18. Wahlperiode mit dem Gesetz zur Stärkung des Wettbewerbs im Eisenbahnbereich erneut aufgegriffen und abgeschlossen (Beschluss Bundestag 07.07.2016, Zustimmung Bundesrat 08.07.2016, Drs. 371/16).
Gesetz zur Ergänzung des Betreuungsgeldgesetzes (Betreuungsgeldergänzungsgesetz), 635/13	nein, laut Gesetzentwurf ja, laut Bundesrat	20.09.2013 (914)	Anrufung durch Bundesrat am 20.09.2013, der Bundesrat hält das Gesetz für zustimmungsbedürftig.	Gesetz wurde im Vermittlungsausschuss nicht mehr behandelt und fiel mit dem Ende der 17. Wahlperiode des Bundestages der Diskontinuität anheim.
Gesetz zur Förderung der Prävention, 636/13	nein	20.09.2013 (914)	Anrufung durch Bundesrat am 20.09.2013.	Gesetz wurde im Vermittlungsausschuss nicht mehr behandelt und fiel mit dem Ende der 17. Wahlperiode des Bundestages der Diskontinuität anheim.
Gesetz zur Verbesserung der Kontrolle der Vorstandsvergütung und zur Änderung weiterer aktienrechtlicher Vorschriften (VorstKoG), 637/13	nein	20.09.2013 (914)	Anrufung durch Bundesrat am 20.09.2013.	Gesetz wurde im Vermittlungsausschuss nicht mehr behandelt und fiel mit dem Ende der 17. Wahlperiode des Bundestages der Diskontinuität anheim.
Gesetz zur Bekämpfung des Menschenhandels und Überwachung von Prostitutionsstätten, 641/13	nein	20.09.2013 (914)	Anrufung durch Bundesrat am 20.09.2013.	Gesetz wurde im Vermittlungsausschuss nicht mehr behandelt und fiel mit dem Ende der 17. Wahlperiode des Bundestages der Diskontinuität anheim.

Quelle: Angaben von Referat Z 4 (Dokumentation) des Sekretariats des Bundesrates sowie Podschull-Wellmann (2013: 49-77), Horst 2014 (456-470) und eigene Recherche im Dokumentations- und Informationssystem des Deutschen Bundestages (DIP, http://dipbt.bundestag.de/) sowie auf der Internetseite des Vermittlungsausschusses (2016).

Bei einer differenzierten Betrachtung dieser zehn nicht verkündeten Gesetze verringert sich diese Quote jedoch deutlich und reduziert sich auf ein einziges Vorhaben, das abschließend am Veto beziehungsweise der Nicht-Zustimmung des Bundesrates scheiterte. Wie der in Tabelle 1[24] dargestellten Übersicht über die zehn nicht verkündeten Gesetze der 17. Wahlperiode entnommen werden kann, sind darunter zunächst vier Gesetze, die von der Bundesregierung als nicht zustimmungsbedürftig ausgewiesen waren, also auch ohne eine explizite Zustimmung des Bundesrates hätten in Kraft treten können.[25] Die Vorhaben, im Einzelnen das „Gesetz zur Ergänzung des Betreuungsgeldgesetzes", das „Gesetz zur Förderung der Prävention", das „Gesetz zur Verbesserung der Kontrolle der Vorstandsvergütung und zur Änderung weiterer aktienrechtlicher Vorschriften" sowie das „Gesetz zur Bekämpfung des Menschenhandels und Überwachung von Prostitutionsstätten", wurden vom Deutschen Bundestag jedoch erst in der letzten Sitzungswoche vor der Sommerpause am 27. beziehungsweise 28. Juni 2013 und somit in der letzten regulären Sitzungswoche des Parlaments vor der Bundestagswahl 2013 verabschiedet. Dem Bundesrat wurden sie zu seiner 904. Sitzung am 20. September 2013, mithin zwei Tage vor der Wahl zum 18. Deutschen Bundestag am 22. September 2013, zugeleitet, so dass der Vermittlungsausschuss alleine aus zeitlichen Gründen nicht mehr tagen konnte und ein Vermittlungsergebnis auch gar nicht mehr von Bundestag und Bundesrat hätte beschlossen werden können. Dies war für die Bundestagsmehrheit und die Bundesregierung allerdings durchaus absehbar und kann somit den Ländern nicht als Verhinderungs- oder Verzögerungstaktik angelastet werden (vgl. auch Reus/ Zohlnhöfer 2015: 252-253). Im Ergebnis fielen diese vier Gesetze mit dem Ende der 17. Wahlperiode des Deutschen Bundestages dem Grundsatz der Diskontinuität anheim.

Das gleiche Schicksal ereilten das „Gesetz zur Verkürzung der Aufbewahrungsfristen sowie zur Änderung weiterer steuerlicher Vorschriften" und das „Gesetz zur Anpassung des Investmentsteuergesetzes und anderer

---

24 Sofern nicht gesondert ausgewiesen, sind die im weiteren Verlauf dieses Unterkapitels gemachten Ausführungen Tabelle 1 und den zu der Tabelle angegebenen Quellen entnommen, insbesondere Podschull-Wellmann (2013: 49-77), Horst (2014: 456-470), der Internetseite des Vermittlungsausschusses (2016) sowie dem Dokumentations- und Informationssystem des Deutschen Bundestages und Angaben von Referat Z 4 (Dokumentation) des Sekretariats des Bundesrates.

25 Bei einem dieser vier Gesetze, dem „Gesetz zur Ergänzung des Betreuungsgeldgesetzes" (Drs. 635/16), vertrat die Bundesratsmehrheit jedoch eine andere Einschätzung und stellte in der Sitzung vom 20. September 2013 die Zustimmungsbedürftigkeit fest.

Gesetze an das AIFM-Umsetzungsgesetz", zu denen die Länderkammer bereits am 3. Mai 2013 beziehungsweise am 7. Juni 2013 den Vermittlungsausschuss angerufen hatte, der in seiner letzten Sitzung vor der Bundestagswahl am 26. Juni 2013 beide Gesetze auch noch behandelte. Teile des „Gesetzes zur Verkürzung der Aufbewahrungsfristen sowie zur Änderung weiterer steuerlicher Vorschriften" wurden allerdings bereits innerhalb des Vermittlungsverfahrens zum „Gesetz zur Umsetzung der Amtshilferichtlinie sowie zur Änderung steuerlicher Vorschriften" (Drs. 47/13) aufgenommen und in den Vermittlungsvorschlag vom 5. Juni 2013 integriert, der am 6. Juni 2013 vom Bundestag beschlossen wurde und am 7. Juni 2013 die Zustimmung des Bundesrates erhielt. Das „AIFM-Steueranpassungsgesetz" wurde im Vermittlungsausschuss am 26. Juni 2013 ergebnislos vertagt, unmittelbar nach der Bundestagswahl jedoch wieder aufgegriffen. Am 8. November 2013 wurde das Vorhaben als Initiative der Länder erneut in den Bundestag eingebracht und von diesem am 28. November 2013 beschlossen, so dass es nach der Zustimmung des Bundesrates am 29. November 2013 in Kraft treten konnte.

Ebenfalls einen erfolgreichen Neuanlauf, allerdings noch innerhalb der 17. Wahlperiode, gab es beim „Gesetz zur innerstaatlichen Umsetzung des Fiskalvertrages". Nachdem die Länderkammer dem Gesetz am 14. Dezember 2012 mit Verweis auf nicht eingehaltene Zusagen bei der Verständigung aller Länder mit dem Bund vom 24. Juni 2012 im Vorfeld der Ratifizierung des Fiskalvertrages durch Bundestag und Bundesrat die Zustimmung verweigerten, gleichzeitig aber auch keine Mehrheit für die Anrufung des Vermittlungsausschusses zustande kam, scheiterte das Gesetz zunächst, da nachfolgend weder die Bundesregierung noch der Bundestag den Vermittlungsausschuss anriefen.[26] Bereits im Januar 2013 beschlossen die Regierungsfraktionen von CDU/ CSU und FDP einen neuerlichen Gesetzentwurf unter gleichem Namen, der am 31. Januar 2013 vom Bundestag angenommen wurde. Nach der am 1. März 2013 mehrheitlich erfolgten Anrufung des Vermittlungsausschusses durch die Länderkammer wurde das Gesetz unverändert vom Vermittlungsausschuss am 26. Juni 2013 bestätigt und erlangte am 5. Juli 2013 die Zustimmung des Bundesrates, nachdem zeitgleich der Forderung der Länder nach Umsetzung der sogenannten Entflechtungsmittel im „Gesetz zur Errichtung eines Sondervermögens ‚Aufbauhilfe' und zur Änderung weiterer Gesetze" (Drs. 531/13) entsprochen wurde. Weitere Regelungen des ursprünglichen und im Jahr

---

26 Vgl. Plenarprotokoll der 904. Sitzung des Bundesrates, 14. Dezember 2012: 566-569.

2012 gescheiterten „Gesetzes zur innerstaatlichen Umsetzung des Fiskalpaktes“ hinsichtlich der gemeinsamen Finanzierung der Investitions- und Betriebskosten von 30.000 zusätzlichen Kinderbetreuungsplätzen fanden Eingang in das „Gesetz zur zusätzlichen Förderung von Kindern unter drei Jahren in Tageseinrichtungen und in Kindertagespflege“ (Drs. 44/13), das der Bundestag am 31. Januar 2013 beschloss und dem der Bundesrat am 1. Februar 2013 zustimmte.

Ebenfalls in der Bundesratssitzung vom 1. Februar 2013 wurde das „Jahressteuergesetz 2013“ behandelt, dem die Länder jedoch in dieser Sitzung zum zweiten Mal und damit abschließend die Zustimmung versagten. Das vom Bundestag bereits am 25. Oktober 2012 beschlossene Gesetz war dem Bundesrat bereits für seine Sitzung am 23. November 2012 zugeleitet worden, erhielt jedoch nicht die Zustimmung der Länderkammer. In dem anschließenden Vermittlungsverfahren, das durch die Bundesregierung initiiert wurde, gelang es in der Sitzung am 12. Dezember 2012, in fast allen zwischen Bund und Ländern strittigen Punkten einen Konsens zu erzielen. Am Widerstand der CDU scheiterte jedoch eine Einigung zur Frage der steuerlichen Gleichstellung von eingetragenen Lebenspartnerschaften mit der Ehe, auch wenn bereits damals ein Urteil des Bundesverfassungsgerichts erwartet wurde, das den Gesetzgeber genau hierzu auffordern würde – was das Bundesverfassungsgericht am 7. Mai 2013 dann auch tat. Da die Oppositionsparteien im Bundestag auf dieser Gleichstellung beharrten und Dank einer entsprechenden Anzahl an Länderstimmen hierfür auch eine Mehrheit im Vermittlungsausschuss zustande bringen konnten, kam es am 12. Dezember 2012 gegen die Stimmen der Regierungsfraktionen zu einem sogenannten „unechten“ Vermittlungsergebnis. Diesem verweigerte die Koalition im Bundestag am 17. Januar 2013 die Zustimmung, und dem daraufhin im Bundesrat erneut zur Abstimmung stehenden unveränderten Jahressteuergesetz 2013 versagte wiederum die Länderkammer am 1. Februar 2013 ihr Plazet. Gleichwohl wurden die Regelungen des Gesetzes in der Fassung des Vermittlungsvorschlags vom 12. Dezember 2012 mit Ausnahme der steuerlichen Gleichstellung von homosexuellen Lebenspartnerschaften mit der Ehe innerhalb des zugehörigen Vermittlungsverfahrens am 5. Juni 2013 in das „Gesetz zur Umsetzung der Amtshilferichtlinie sowie zur Änderung steuerlicher Vorschriften“ (Drs. 47/13) integriert, dem der Bundestag am 6. Juni 2013 und der Bundesrat am 7. Juni 2013 zustimmten. Die vom Bundesverfassungsgericht mit Urteil vom 7. Mai 2013 geforderte steuerliche Gleichstellung von eingetragenen gleichgeschlechtlichen Lebensgemeinschaften mit der Ehe wurde mit dem „Gesetz zur Änderung des Einkommensteuergesetzes in Umsetzung der Entscheidung des

Bundesverfassungsgerichts vom 7. Mai 2013" hergestellt, dem der Bundestag am 27. Juni 2013 und der Bundesrat am 5. Juli 2013 zustimmten (Drs. 532/13).

Ebenfalls zweimal hatte der Bundesrat in der 17. Wahlperiode über die Frage der Zustimmung zum „Gesetz zur Neuordnung der Regulierung im Eisenbahnbereich" zu entscheiden. Strittig bei diesem Vorhaben waren insbesondere Fragen der Infrastrukturfinanzierung sowie der Ausgestaltung der Anreizregulierung für die Infrastrukturentgelte. Vor diesem Hintergrund rief der Bundesrat am 7. Juni 2013 zunächst den Vermittlungsausschuss an, der das Verfahren hierzu ohne Einigung am 26. Juni 2016 beendete. Eine erneute Beschlussfassung über das unveränderte Gesetz durch den Bundestag war nicht notwendig. Der Bundesrat verweigerte am 5. Juli 2013 dem Vorhaben abschließend die Zustimmung, was das Gesetz zunächst zum Scheitern brachte. In der 18. Wahlperiode wurde das Vorhaben mit dem „Gesetz zur Stärkung des Wettbewerbs im Eisenbahnbereich" erneut aufgegriffen und erhielt am 7. Juli 2016 die Zustimmung des Bundestages und am 8. Juli 2016 jene des Bundesrates (Drs. 371/16).

Einzig das „Gesetz zu dem Abkommen vom 21. September 2011 zwischen der Bundesrepublik Deutschland und der Schweizerischen Eidgenossenschaft über Zusammenarbeit in den Bereichen Steuern und Finanzmarkt in der Fassung vom 5. April 2012", das erstmals am 23. November 2012 sowie im Anschluss an ein von der Bundesregierung initiiertes, faktisch jedoch ergebnislos verbliebenes Vermittlungsverfahren[27] am 1. Februar 2013 erneut im Bundesrat zur Abstimmung stand, scheiterte dort endgültig, ohne dass es einen weiteren Anlauf zur Ratifizierung dieses oder eines modifizierten Abkommens gegeben hätte. Ziel des Abkommens war es, deutsche Steueransprüche gegenüber Inhaberinnen und Inhabern von Schwarzgeldkonten in der Schweiz durchzusetzen, wobei die vereinbarten Regelungen im Umgang mit dem bei schweizerischen Banken angelegten Geld bereits sehr frühzeitig in der innenpolitischen Debatte in Deutschland kritisiert wurden. Ausschlaggebend für die Ablehnung des Abkommens durch die Länderkammer dürften letztlich die Motive der Steuergerechtigkeit und der Steuerehrlichkeit gewesen sein, denen nach Dafürhalten der Bundesratsmehrheit die in dem Abkommen vorgesehenen Regelungen zur Amnestie für Steuerhinterzieherinnen und Steuerhinterzieher

27 Der am 12. Dezember 2012 zustande gekommene Vermittlungsvorschlag empfahl die Aufhebung des Gesetzesbeschlusses, wurde aber mehrheitlich gegen die Stimmen der Koalitionsvertreter des Bundestages gefasst und formulierte somit ein sogenanntes „unechtes" Vermittlungsergebnis.

und deren geplanter Anonymität, die mangelnde Rückwirkung der geplanten Regelungen sowie die zu niedrige Besteuerung der Inhaberinnen und Inhabern von Schwarzgeldkonten nicht ausreichend genüge täten. „Der ehrliche Steuerzahler darf am Ende nicht der Dumme sein", resümierte der baden-württembergische Bundesratsminister Peter Friedrich (SPD) in der Bundesratsdebatte am 23. November 2012 die Gründe für die Nicht-Zustimmung seines Landes zu dem Gesetz.[28] Sein hessischer Kollege Michael Boddenberg (CDU) unterstrich in der erneuten Bundesratsdebatte am 1. Februar 2013 hingegen, die Länderkammer begehe „eine historische Unterlassung, wenn wir dem über einen langen Zeitraum ausgiebig ausgehandelten Abkommen [...] nicht zustimmen"[29], und betonte insbesondere die Höhe der Gelder, die dem Fiskus durch eine Ablehnung des Abkommens entgingen.[30]

Es ist sicherlich nicht ganz einfach, bei den Auseinandersetzungen um das Ratifizierungsgesetz des deutsch-schweizerischen Steuerabkommens zwischen parteipolitischen Ansichten und Interessen einerseits sowie sachpolitischen Erwägungen und objektiven Länderinteressen andererseits zu entscheiden.[31] Es ergibt sich allerdings aus dem Nachvollzug der Argumente aus den zugehörigen Debatten im Bundestag und Bundesrat, dass die Einwände der Ländermehrheit (wie auch der Bundestags-Opposition) nicht bloß parteitaktischer Natur waren, sondern durchaus von sachgerechten, wenngleich auch parteipolitisch durchaus unterschiedlich auslegbaren Motiven geleitet wurden. Dies wurde im Nachgang zu der Entscheidung auch dadurch deutlich, dass die Anzahl der Selbstanzeigen von Steuerhinterzieherinnen und Steuerhinterziehern im Folgenden erheblich

---

28 Vgl. Plenarprotokoll der 903. Sitzung des Bundesrates, 23. November 2012: 505.

29 Vgl. Plenarprotokoll der 906. Sitzung des Bundesrates, 1. Februar 2013: 20.

30 Hendrik Träger (2013: 171-178) hält in seiner Analyse des Gesetzgebungsvorhabens eine ausführliche Darstellung der umstrittenen Aspekte des Abkommens bereit.

31 Träger (2013: 178-181) macht eine „Parteipolitisierung" und „parteipolitisches Verhalten" für das Scheitern des Gesetzes verantwortlich, zieht als Belege dieser These aber lediglich die (wenig unübliche) Vertretung „ähnlicher Positionen" von „Mitgliedern der gleichen Partei [...] in Bundesrat und Bundestag" sowie ein (ebensowenig unübliches) parteipolitisches Abstimmungsverhalten in den Bundesratsausschüssen heran. Zu einer differenzierteren Einschätzung gelangt Patrick Horst (2014: 464-465), der die Unterscheidung zwischen Landes- und Parteiinteressen bezüglich dieses Gesetzgebungsvorhabens auch in diesem Fall als „problematisch" bewertet, aber die Schlussfolgerung, dass die Ländermehrheit „mit der Ablehnung des Steuerabkommens gegen ihre eigenen Interessen oder diejenigen der Ländermehrheit gehandelt hätten", als „unzulässig" ablehnt.

stieg, auch wenn dies und die entsprechend gestiegenen Steuermehreinnahmen sicherlich nicht ausschließlich auf das Scheitern des Steuerabkommens zurückgeführt werden können.[32] Würde man neben den Motiven der Steuergerechtigkeit und der Steuerehrlichkeit ein Länderinteresse auch schon alleine in den finanziellen Auswirkungen einer Ratifizierung beziehungsweise Nicht-Ratifizierung dieses Abkommens sehen, dürfte es sogar in einem rein fiskalisch verstandenen Landesinteresse gelegen haben, dem völkerrechtlichen Vertrag die Zustimmung zu verweigern.

Aus der in Tabelle 1 enthaltenen Auflistung der zehn nicht verkündeten Gesetze bleibt so mit dem Gesetz zum deutsch-schweizerischen Steuerabkommen nur ein einziges Gesetz aus der 17. Wahlperiode übrig, dem der Bundesrat abschließend die Zustimmung versagte und das im Folgenden nicht erneut aufgegriffen wurde beziehungsweise dessen materieller Regelungsgehalt nicht innerhalb eines anderen Gesetzgebungsverfahrens aufgegriffen und beschlossen wurden. Dies senkt die zuvor errechnete Quote von 1,8 Prozent der vom Bundestag beschlossenen Gesetze, bei denen die Uneinigkeit zwischen Bundestag und Bundesrat nicht ausgeräumt werden konnte, deutlich ab: Streicht man die neun nicht zustande gekommenen Gesetze, deren materieller Regelungsgehalt in andere Gesetze integriert wurde, aus der Grundgesamtheit von 553 dem Bundesrat in der 17. Wahlperiode zur Zustimmung zugeleiteten Gesetzen, bleibt am Ende nur noch eines von 544 Gesetzen, dem der Bundesrat abschließend seine Zustimmung verweigert hat, was auf eine Ablehnungsquote von weniger als 0,2 Prozent hinausläuft.

Nicht unterlassen werden sollte jedoch der Blick in die umgekehrte Richtung, die Behandlung der Gesetzesvorlagen der Länderkammer durch den Deutschen Bundestag in der 17. Wahlperiode. Das Handbuch des Bundesrates (2015: 310) beziffert die Anzahl der Gesetzentwürfe, die der Bundesrat in der 17. Wahlperiode beschlossen und der Bundesregierung zugeleitet hat und die diese wiederum an den Bundestag weitergeleitet hat,

---

32 Die Welt (2015) führte hierzu aus: „Die Selbstanzeige ist eine Art Ablasshandel: Der Steuerhinterzieher zeigt sich selbst beim Finanzamt an, zahlt Steuern nach und geht dafür straffrei aus. [...] Während Schäuble mit der Schweiz über das geplante Steuerabkommen verhandelte, sank die Zahl der Selbstanzeiger. Offenbar hofften sie davonzukommen. Nachdem das Amnestie-Abkommen gescheitert war, stieg die Zahl der Selbstanzeigen auf Rekordniveau: 24.000 Anzeigen im Jahr 2013, 40.000 Anzeigen im Folgejahr. [...] Seit Januar 2015 gelten verschärfte Regeln für die Selbstanzeige. [...] Die Finanzbehörden sind überrascht, dass die Zahl der Selbstanzeiger dennoch ungebrochen hoch ist."

auf 82 Vorhaben[33], von denen wiederum nur 17 vom Bundestag beschlossen und dem Bundesrat für den zweiten Durchgang zugeleitet wurden, der sie allesamt auch im zweiten Durchgang beschloss. Die Quote der erfolgreichen Gesetzesinitiativen aus der Länderkammer beträgt somit nur etwa 21 Prozent.

Sicherlich waren gerade unter den Initiativen, die die Länderkammer nach Zustandekommen der A-Länder-Mehrheit im Bundesrat bei Antritt der rot-grünen Landesregierung in Niedersachsen am 19. Februar 2013 im heraufziehenden Bundestagswahlkampf 2013 beschloss, auch solche, mit denen sich die Länder parteipolitisch positionieren und inhaltliche Alternativen zur schwarz-gelben Bundesregierung aufzeigen wollten, ohne ernsthaft damit zu rechnen, dass die Bundestagsmehrheit diese Gestaltungsvorschläge noch vor der Bundestagswahl konstruktiv aufgreift und ihnen folgt. Hierzu dürften die beiden am 1. März 2013 vom Bundesrat beschlossenen Entwürfe eines „Gesetzes über die Festsetzung des Mindestlohns“ (Drs. 136/13) und eines „Gesetzes zur Gleichstellung der Lebenspartnerschaft mit der Ehe im Einkommensteuerrecht“ (Drs. 137/13), die am 22. März 2013 beschlossenen Entwürfe eines „Gesetzes zur Aufhebung des Betreuungsgeldgesetzes“ (Drs. 198/13) und eines „Gesetzes zur Einführung des Rechts auf Eheschließung für Personen gleichen Geschlechts“ (Drs. 196/13), die am 3. Mai 2013 beschlossenen Entwürfe „eines Strafrechtsänderungsgesetzes – Bestechlichkeit und Bestechung der Mitglieder von Volksvertretungen und der Mandatsbewerber“ (Drs. 174/13), eines „Gesetzes zur Änderung des Zweiten Buches Sozialgesetzbuch – Weiterfinanzierung von Schulsozialarbeit und Mittagessen in Horteinrichtungen“ (Drs. 319/13) und eines „Gesetzes zur Bekämpfung von Steuerstraftaten“ (Drs. 339/13), die am 7. Juni 2013 beschlossenen Entwürfe eines „Gesetzes zur Änderung des Gesetzes zur weiteren Vereinfachung des Wirtschaftsstrafrechts (Wirtschaftsstrafgesetz 1954)“ (Drs. 176/13), eines „Gesetzes zur Änderung des Gesetzes zur Regelung der Wohnungsvermittlung“ (Drs. 177/13), eines „Gesetzes zur Einführung eines Anspruchs auf Einrichtung eines Girokontos auf Guthabenbasis“ (GiroGuBaG) (Drs. 320/13), eines

33 Beschlossen hatte die Länderkammer innerhalb der 17. Wahlperiode des Bundestages sogar 84 Gesetzesvorlagen, von denen jedoch zwei (Drs. 686/13 und Drs. 687/13) erst nach dem Ende der Wahlperiode am 22. Oktober 2013 als Bundestagsdrucksache umgedruckt und somit erst zur 18. Wahlperiode zugeleitet wurden. Eines der beiden Vorhaben, der „Entwurf eines Gesetzes zur Erleichterung der Umsetzung der Grundbuchamtsreform in Baden-Württemberg“ (Drs. 686/13) wurde vom Deutschen Bundestag in der 18. Wahlperiode weiterverfolgt und von diesem auch beschlossen.

„Gesetzes zur Neuausrichtung der öffentlich geförderten Beschäftigung" (Drs. 441/13) und eines „Gesetzes zur Bekämpfung von Steuerstraftaten im Bankenbereich" (Drs. 462/13), der am 5. Juli 2013 beschlossene „Entwurf eines Gesetzes über die Zulassung der Mehrstaatigkeit und die Aufhebung der Optionsregelung im Staatsangehörigkeitsrecht" (Drs. 461/13) sowie der am 20. September 2013 beschlossene „Entwurf eines Gesetzes zur Bekämpfung des Missbrauchs von Werkverträgen und zur Verhinderung der Umgehung von arbeitsrechtlichen Verpflichtungen" (Drs. 687/13) gehören, die allesamt zwischen dem 1. März 2013 und dem 20. September 2013 mit A-Länder-Mehrheit zur Einbringung als Gesetzentwurf des Bundesrates beim Deutschen Bundestag beschlossen worden sind.

Andererseits lassen sich unter den von der Länderkammer eingebrachten, aber vom Bundestag nicht beschlossenen Vorhaben auch solche finden, die ein Länderinteresse unabhängig von parteipolitischen Positionen enthalten. Das wohl eindrücklichste Beispiel hierfür dürfte der am 3. Mai 2013 auf Antrag aller Länder vom Bundesrat beschlossene „Entwurf eines Gesetzes über die Zusammenarbeit von Bund und Ländern in Angelegenheiten der Europäischen Union (EUZBLG)" (Drs. 342/13) sein, mit dem das bestehende EUZBLG in Umsetzung der Entscheidung des Bundesverfassungsgerichts vom 19. Juni 2012 im Organstreitverfahren „ESM/ Euro-Plus-Pakt" zu Unterrichtungsrechten und Mitwirkungsrechten in EU-Angelegenheiten neu gefasst werden sollte. Parallel hatten alle fünf im Deutschen Bundestag vertretenen Fraktionen den Entwurf eines „Gesetzes über die Zusammenarbeit von Bundesregierung und Deutschem Bundestag in Angelegenheiten der Europäischen Union (EUZBBG)" in den Bundestag eingebracht, der das Vorhaben am 18. April 2013 in zweiter und dritter Lesung beschloss. Während der Bundesrat das EUZBBG am 7. Juni 2013 passieren ließ, so dass die Unterrichtungs- und Mitwirkungsrechte des Deutschen Bundestages in EU-Angelegenheiten zum Ende der 17. Wahlperiode gesetzlich an die Entscheidung des Bundesverfassungsgerichts angepasst werden konnten, kam der am 3. Mai 2013 im Bundesrat beschlossene Länderentwurf zur parallelen Neufassung der Unterrichtungs- und Mitwirkungsrechte des Bundesrates in EU-Angelegenheiten nicht über die erste Lesung im Deutschen Bundestag hinaus, wodurch das Vorhaben mit dem Ende der 17. Wahlperiode dem Grundsatz der Diskontinuität anheimfiel. Die Gründe hierfür dürften in unterschiedlichen Auffassungen des Bundes und der Länder hinsichtlich des Ausmaßes der Unterrichtungsrechte der Länder gegenüber der Bundesregierung sowie die Frage einer Differenzierung der Unterrichtungspflichten der Bundesregierung gegenüber Bundestag und Bundesrat liegen, wie sie in der Stellungnahme der Bundesregierung zu dem Gesetzentwurf der Länderkammer (vgl. Drs. 17/13665, Anlage 2) deutlich wurden.

8.3 Gesetzgebung in der 18. Wahlperiode: Kompromisse trotz wachsender Vielfalt

Für die 18. Wahlperiode, die am 22. Oktober 2013 begann und mit dem ersten Zusammentritt des 19. Deutschen Bundestages am 24. Oktober 2017 endete, weist die offizielle Statistik des Bundesrates (2018: 317-319) aus, dass insgesamt 727 Gesetzesvorlagen der Bundesregierung, des Bundesrates oder aus der Mitte des Bundestages beim Deutschen Bundestag eingebracht worden sind. Von diesen wurden 555 vom Bundestag beschlossen und dem Bundesrat zugeleitet (vgl. Bundesrat 2017b: 2). 553 Gesetze wurden sodann von diesem beraten (vgl. Bundesrat 2018: 317). Zu insgesamt lediglich drei Gesetzesvorhaben wurde der Vermittlungsausschuss angerufen, darunter erstmals am 27. März 2015 durch den Bundesrat zum „Dritten Gesetz zur Änderung des Regionalisierungsgesetzes" (Drs. 81/15) (vgl. Podschull-Wellmann 2018: 55-57). Bezogen auf die 555 Gesetzesbeschlüsse des Bundestages entsprechen diese drei Anrufungen einer Anrufungsquote von rund 0,54 Prozent. Ausgefertigt und verkündet wurden vom Bundespräsidenten 548 Gesetze (vgl. Bundesrat 2018: 317), woraus sich auf den ersten Blick eine Anzahl von insgesamt sieben Gesetzen errechnet, bei denen die Uneinigkeit zwischen Deutschem Bundestag und Bundesrat nicht ausgeräumt werden konnte.[34] Tabelle 2[35] enthält eine Übersicht über diese insgesamt sieben Gesetze.

---

34 In einer früheren Statistik des Bundesrates (2017b: 2) ist aufgeführt, dass nur 547 Gesetze vom Bundespräsidenten ausgefertigt und verkündet worden sind. Diese Differenz dürfte sich daraus ergeben, dass das vom Bundesrat im zweiten Durchgang am 22. September 2017 beratene „Gesetz zur Neuregelung des Schutzes von Geheimnissen bei der Mitwirkung Dritter an der Berufsausübung schweigepflichtiger Personen" (Drs. 608/17) am 30. Oktober 2017 und somit erst sechs Tage nach Beginn der 19. Wahlperiode des Bundestages ausgefertigt und verkündet sowie am 8. November 2017 im Bundesgesetzblatt (BGBl. I S. 3618-3624) veröffentlicht wurde. Zwischenzeitlich wird auch in der Statistik des Bundesrates (2018: 317) die entsprechend angepasste Zahl von 548 vom Bundespräsidenten ausgefertigten und verkündeten Gesetze verwendet.

35 Sofern nicht gesondert ausgewiesen, sind die im weiteren Verlauf dieses Unterkapitels gemachten Ausführungen Tabelle 2 und den zu der Tabelle angegebenen Quellen geschuldet, insbesondere Podschull-Wellmann (2018: 55-57), der Internetseite des Vermittlungsausschusses (2018) sowie dem Dokumentations- und In-

Tabelle 2: Übersicht über die nicht verkündeten Gesetze der 18. Wahlperiode des Deutschen Bundestages

Name des Gesetzes, Drucksache	zustimmungsbedürftig	Datum 2. DG Bundesrat	Vermittlungsausschuss	Ergebnis beziehungsweise weiteres Verfahren
Gesetz zur Einstufung der Demokratischen Volksrepublik Algerien, des Königreichs Marokko und der Tunesischen Republik als sichere Herkunftsstaaten, 257/16	ja	17.06.2016 (946) 10.03.2017 (954)	Keine Anrufung.	Das Gesetz wurde von der Tagesordnung der Bundesratssitzung am 17.06.2016 abgesetzt. In der Sitzung vom 10.03.2017 wurde ihm die Zustimmung versagt. Da der Vermittlungsausschuss nicht angerufen wurde, fiel das Gesetz mit dem Ende der 18. Wahlperiode des Bundestages dem Grundsatz der Diskontinuität anheim.
Drittes Gesetz zur Änderung des Asylbewerberleistungsgesetzes, 713/16	ja	16.12.2016 (952)	Anrufung durch Bundesregierung am 21.12.2016. Vermittlungsausschuss tagte erstmals am 26. April 2017 und vertagte seine Beratungen bei gleichzeitiger Einsetzung einer Arbeitsgruppe.	Gesetz fiel mit dem Ende der 18. Wahlperiode des Bundestages der Diskontinuität anheim.
Gesetz zu dem Übereinkommen vom 19. Februar 2013 über ein Einheitliches Patentgericht, 202/17	ja	31.03.2017 (956)	--	Zustimmung des Bundesrates am 31.03.2017, Gesetz wurde jedoch vom Bundespräsidenten vor dem Hintergrund einer anhängigen Verfassungsbeschwerde bis auf weiteres nicht unterschrieben.

formationssystem des Deutschen Bundestages und Angaben vom Leiter der Parlamentsabteilung sowie von Referat Z 4 (Dokumentation) des Sekretariats des Bundesrates.

Name des Gesetzes, Drucksache	zustimmungsbedürftig	Datum 2. DG Bundesrat	Vermittlungsausschuss	Ergebnis beziehungsweise weiteres Verfahren
Gesetz zur Anpassung patentrechtlicher Vorschriften auf Grund der europäischen Patentreform, 203/17	nein	31.03.2017 (956)	–	Bundesrat hat am 31.03.2017 darauf verzichtet, einen Antrag auf Einberufung des Vermittlungsausschusses zu dem Gesetz zu stellen; Gesetz wurde jedoch vom Bundespräsidenten vor dem Hintergrund einer anhängigen Verfassungsbeschwerde bis auf weiteres nicht unterschrieben.
Gesetz zu dem Protokoll vom 29. Juni 2016 über die Vorrechte und Immunitäten des Einheitlichen Patentgerichts, 372/17	ja	02.06.2017 (958)	–	Zustimmung des Bundesrates am 02.06.2017, Gesetz wurde jedoch vom Bundespräsidenten vor dem Hintergrund einer anhängigen Verfassungsbeschwerde bis auf weiteres nicht unterschrieben.
Gesetz zur Verbesserung der Beistandsmöglichkeiten unter Ehegatten und Lebenspartnern in Angelegenheiten der Gesundheitssorge und zur Anpassung der Betreuer- und Vormündervergütung, 460/17	ja	Absetzung von der Tagesordnung am 07.07.2017 (959)	–	Das Gesetz ist nach der Absetzung von der Tagesordnung in der Länderkammer bislang nicht wieder zur Abstimmung gestellt worden. Auch wenn es formell mit dem Ende der 18. Wahlperiode des Bundestages zwar nicht per se dem Grundsatz der Diskontinuität anheimgefallen ist, dürften Fragestellungen hinsichtlich eines rückwirkenden Inkrafttretens des Gesetzes, die bei einer Zustimmung des Bundesrates mittlerweile entstehen würden, einem erfolgreichen Abschluss des Vorhabens entgegenstehen. Sollte die Absicht bestehen, das Gesetzesvorhaben weiterzuverfolgen, wäre ein formeller Neubeginn des Gesetzgebungsverfahrens sicherlich vorzugswürdig.

Name des Gesetzes, Drucksache	zustimmungsbedürftig	Datum 2. DG Bundesrat	Vermittlungsausschuss	Ergebnis beziehungsweise weiteres Verfahren
Gesetz zur Stärkung von Kindern und Jugendlichen (Kinder- und Jugendstärkungsgesetz KJSG), 553/17	ja	Vertagung am 07.07.2017 (959) Absetzung von der Tagesordnung am 22.09.2017 (960)	–	Das Gesetz ist nach der Absetzung von der Tagesordnung in der Länderkammer bislang nicht wieder zur Abstimmung gestellt worden. Auch wenn es formell mit dem Ende der 18. Wahlperiode des Bundestages zwar nicht per se dem Grundsatz der Diskontinuität anheimgefallen ist, dürften Fragestellungen hinsichtlich eines rückwirkenden Inkrafttretens des Gesetzes, die bei einer Zustimmung des Bundesrates mittlerweile entstehen würden, einem erfolgreichen Abschluss des Vorhabens entgegenstehen. Sollte die Absicht bestehen, das Gesetzesvorhaben weiterzuverfolgen, wäre ein formeller Neubeginn des Gesetzgebungsverfahrens sicherlich vorzugswürdig.

Quelle: Angaben vom Leiter der Parlamentsabteilung und von Referat Z 4 (Dokumentation) des Sekretariats des Bundesrates sowie Podschull-Wellmann (2018: 51-57), Bundesrat (2017b) und eigene Recherche im Dokumentations- und Informationssystem des Deutschen Bundestages (DIP, http://dipbt.bundestag.de/) sowie auf der Internetseite des Vermittlungsausschusses (2018).

Eine differenzierte Betrachtung dieser Zahlen reduziert diese Anzahl jedoch, denn drei dieser sieben Gesetze wurden nicht vom Bundesrat aufgehalten. Diese drei Gesetze, das „Gesetz zu dem Übereinkommen vom 19. Februar 2013 über ein Einheitliches Patentgericht“ (Drs. 202/17), das „Gesetz zur Anpassung patentrechtlicher Vorschriften auf Grund der europäischen Patentreform“ (Drs. 203/17) sowie das „Gesetz zu dem Protokoll vom 29. Juni 2016 über die Vorrechte und Immunitäten des Einheitlichen Patentgerichts“ (Drs. 372/17) betreffen die Ratifizierung europäischer Vereinbarungen zur Schaffung einer einheitlichen europäischen Patentgerichtsbarkeit. Der Bundesrat hatte sich, wie in Tabelle 2 dargestellt, den Gesetzen nicht widersetzt, sondern diesen zugestimmt beziehungsweise keinen Antrag auf Einberufung des Vermittlungsausschusses zu diesen Gesetzen gestellt. In der in Tabelle 2 enthaltenen Übersicht über die nicht verkündeten Gesetze der 18. Wahlperiode sind die drei Gesetze dennoch enthalten, da das Bundesverfassungsgericht im April 2017 vor dem Hintergrund einer anhängigen Verfassungsbeschwerde und einem begleitenden Eilantrag den Bundespräsidenten gebeten hatte, die zur innerstaatlichen Umsetzung der Schaffung einer einheitlichen europäischen Patentgerichtsbarkeit notwendigen Gesetze bis auf weiteres nicht zu unterschreiben, was der Bundespräsident, dem Wunsch des Gerichts entsprechend, im Folgenden auch nicht tat (vgl. Dörries 2017; Juve 2017).

Bei den verbleibenden vier Gesetzen ist von einem Nicht-Zustandekommen aufgrund mangelnder politischer Einigung zwischen Bundestag und Bundesrat auszugehen, auch wenn die Zustimmung von der Länderkammer nur in zwei Fällen explizit versagt wurde. Dies war zunächst beim „Gesetz über die Einstufung der Demokratischen Volksrepublik Algerien, des Königreichs Marokko und der Tunesischen Republik als sichere Herkunftsstaaten" (Drs. 257/16) der Fall. Bereits im Vorfeld der Abstimmung über das „Gesetz zur Einstufung weiterer Staaten als sichere Herkunftsstaaten und zur Erleichterung des Arbeitsmarktzuganges für Asylbewerber und geduldete Ausländer" (Drs. 183/14) am 19. September 2014 gab es kontroverse Debatten über die Einstufung von Mazedonien, Serbien sowie Bosnien und Herzegowina als sichere Herkunftsstaaten. Das Gesetz erhielt die Zustimmung der Länderkammer erst, nachdem das damals grün-rot regierte Baden-Württemberg dem schwarz-roten Regierungslager in der Länderkammer beigesprungen war und dem Vorhaben zur Mehrheit verholfen hatte (vgl. Schwarze 2014; Soldt 2014; Leithäuser 2016a). Auch die Einstufung von Albanien, Kosovo und Montenegro als sichere Herkunftsstaaten wurde im Sommer und Herbst 2015 kontrovers diskutiert, am 16. Oktober 2015 allerdings im Rahmen des sogenannten Asylverfahrensbeschleunigungsgesetzes (Drs. 466/15) von der Länderkammer im Rahmen eines Gesamtpakets bestätigt, durch das einerseits Asylregelungen verschärft wurden, andererseits unter anderem Verfahren beschleunigt, der zügige Bau von Unterkünften für Flüchtlinge ermöglicht und Maßnahmen zu ihrer Integration verbessert wurden (vgl. von Bebenburg 2015). Deutlich schwieriger gestaltete sich die Mehrheitssuche beim Gesetz zur Einstufung von Algerien, Marokko und Tunesien als sichere Herkunftsstaaten im Jahr 2016, auch vor dem Hintergrund der zwischenzeitlich zugunsten der Bundestags-Oppositionsparteien veränderten Mehrheitsverhältnisse, der zufolge mindestens drei von den Grünen mitregierte Länder dem Vorhaben hätten zustimmen müssen (vgl. FAZ 2016; 2017). Nachdem der Bundestag am 13. Mai 2016 das Gesetz beschlossen hatte, wurde es von der 946. Sitzung des Bundesrates am 17. Juni 2016 kurzfristig abgesetzt und erst am 10. März 2017 wieder auf die Tagesordnung der Länderkammer gesetzt, die dem Gesetz jedoch die Zustimmung versagte. Da im Folgenden weder von der Bundesregierung, vom Bundestag oder vom Bundesrat ein Antrag auf Einberufung des Vermittlungsausschusses gestellt wurde, fiel das Gesetz mit dem Ende der 18. Wahlperiode dem Grundsatz der Diskontinuität anheim.

Auch dem „Dritten Gesetz zur Änderung des Asylbewerberleistungsgesetzes“ (Drs. 713/16) wurde die Zustimmung des Bundesrates explizit versagt, in diesem Fall in der Plenarsitzung vom 16. Dezember 2016. Am 21. Dezember 2016 rief die Bundesregierung den Vermittlungsausschuss an, der sich erstmals am 26. April 2017 traf, seine Beratungen jedoch unter Einsetzung einer Arbeitsgruppe vertagte (vgl. Vermittlungsausschuss 2018; Podschull-Wellmann 2018: 57). Nachdem sich auch in dieser Arbeitsgruppe keine Einigung abzeichnete, wurden die Beratungen des Vermittlungsausschusses zu diesem Gesetz nicht mehr aufgenommen, so dass das Gesetz mit dem Ende der 18. Wahlperiode ebenfalls dem Grundsatz der Diskontinuität anheimfiel. Die Länder, an denen Bündnis 90/ Die Grünen und Die Linke an den Regierungen beteiligt waren, stellten sich mit Ausnahme von Baden-Württemberg und Hamburg im Bundesrat gegen das Gesetz, da sie die darin enthaltene Absenkung der Regelbedarfe und die Schaffung neuer Bedarfsstufen für Asylsuchende in Sammelunterkünften nicht mittragen wollten (vgl. Funk 2016e).

Gar nicht erst zur Abstimmung gestellt wurde im Bundesrat das „Gesetz zur Verbesserung der Beistandsmöglichkeiten unter Ehegatten und Lebenspartnern in Angelegenheiten der Gesundheitssorge und zur Anpassung der Betreuer- und Vormündervergütung“ (Drs. 460/17), das zwar zur Beschlussfassung am 7. Juli 2017 vorgesehen war, dann jedoch kurzfristig von der Tagesordnung abgesetzt wurde. Ebenfalls nicht zur Abstimmung gestellt wurde das „Gesetz zur Stärkung von Kindern und Jugendlichen (Kinder- und Jugendstärkungsgesetz KJSG)“ (Drs. 553/17), das am 7. Juli 2017 zunächst kurzfristig vertagt und am 22. September 2017 ebenso kurzfristig von der Tagesordnung der Länderkammer abgesetzt wurde.

Hintergrund für die mangelnde Aussicht auf Zustimmung zu beiden Gesetzen im Plenum, die zur Vertagung beziehungsweise Absetzung von der Tagesordnung führte, dürfte in beiden Fällen, so Albert Funk (2017), eine mangelnde Abstimmung im Vorfeld gewesen sein: Beide Gesetze seien den Ländern im Grunde zwar wichtig gewesen und von ihnen auch unterstützt worden. Änderungen des Bundestages im erstgenannten Gesetz zur Verbesserung der Beistandsmöglichkeiten, dessen Entwurf aus der Länderkammer selbst gekommen ist, seien allerdings ohne Abstimmung mit den Ländern erfolgt und wären in ihren finanziellen Auswirkungen auch zu ihren Lasten ausgefallen, so dass die kurzfristige Absetzung von der Tagesordnung lediglich einer Zustimmungsversagung zuvorgekommen sei. Auch das Gesetz zur Modernisierung der Kinder- und Jugendhilfe sei mangels ausreichender inhaltlicher Abstimmung mit den Ländern bei gleichzeitiger Bitte um Fristverkürzung zum Zeitpunkt der vorgesehenen Beschlussfassung nicht mehrheitsfähig gewesen, so dass auch hier die Vertagung beziehungsweise die anschließende Absetzung von der Tagesordnung der Folgesitzung eine explizite Zustimmungsversagung vermeiden sollte, so Funk (2017.). Wie schon in der Stellungnahme des Bundesrates im ersten Durchgang des Gesetzes am 2. Juni 2017[36] an verschiedenen Stellen betont, dürfte für die mangelnde Mehrheitsfähigkeit insbesondere die Frage von Bedeutung gewesen sein, inwieweit die Kosten der in dem Gesetz enthaltenen und durch die Länder umzusetzenden Maßnahmen durch Mittel des Bundes auszugleichen sind. Ferner soll dem Vernehmen nach auch im Länderkreis umstritten gewesen sein, inwieweit Standards in dem Gesetz entweder auf Ebene des Bundes oder auf Ebene der Länder verbindlich ausgestaltet werden sollten.

Beide Gesetze[37] sind mit dem Ende der 18. Wahlperiode nicht per se dem Grundsatz der Diskontinuität anheimgefallen, da der Bundesrat, wie in Kapitel 4 dargestellt, seine Zustimmung auch dann noch erteilen kann, wenn die Wahlperiode, in der der Bundestag das Gesetz beschlossen hat, bereits beendet ist. Die Beschlussfassung über die Zustimmung zu beiden Gesetzen hat laut Grundgesetz zwar „in angemessener Frist“ zu erfolgen, jedoch sind den an der Gesetzgebung beteiligten Verfassungsorganen bei der Bemessung der Angemessenheit einer Frist keine zu engen Grenzen zu setzen, wie das in Fußnote 8 erläuterte Urteil des Bundesverfassungsgerichts in einem ähnlich gelagerten Fall nahelegt. Der Grundsatz der Diskontinuität käme bei beiden Gesetzen erst dann zum Tragen, wenn etwa nach einer verweigerten Zustimmung der Länderkammer die Bundesregierung den Vermittlungsausschuss anrufen würde, der jedoch ebenfalls dem Prinzip der Diskontinuität unterliegt. Auch könnte der neugewählte Bundestag nicht über einen Vermittlungsvorschlag zu einem Gesetz beschließen, der vom Bundestag in der bereits abgelaufenen Wahlperiode beschlossen wurde (vgl. Reuter 2007: 125-126).

Allerdings scheint fraglich, ob der Bundesrat seine Zustimmung zu beiden Gesetzen, die bis zum Redaktionsschluss dieses Buches Ende Novem-

---

36 Vgl. Drs. 314/17 (Beschluss).

37 Die Einordnung des Verfahrensstandes beider Gesetze wurde mir durch hilfreiche Erläuterungen von Dr. Michael Wisser, den Leiter der Parlamentsabteilung des Sekretariats des Bundesrates, erleichtert.

ber 2018 nicht erteilt war, im Folgenden noch erteilen könnte, da die in den Gesetzen enthaltenen Daten des Inkrafttretens, die beim Gesetz zur Verbesserung der Beistandsmöglichkeiten auf den 1. Juli 2018 sowie teilweise bereits auf den 1. Oktober 2017 und beim Kinder-und Jugendstärkungsgesetz auf den 1. Januar 2018 festgelegt waren, mittlerweile in der Vergangenheit liegen. Zwar ist ein rückwirkendes Inkrafttreten von Gesetzen grundsätzlich möglich, jedoch hängt diese Möglichkeit immer vom Einzelfall ab und kann bei den beiden vorliegenden Gesetzen an dieser Stelle nicht abschließend beurteilt werden. Sollte der politische Wille zu einem erfolgreichen Abschluss des Gesetzgebungsverfahrens in der aktuellen Legislaturperiode erneut aufkommen, wäre in beiden Fällen ein neuer Beginn des Gesetzgebungsverfahrens die sicherlich vorzugswürdigste Variante, die auch möglicherweise existierenden rechtlichen Unklarheiten hinsichtlich der Inkrafttretensregelung begegnen würde.

Für die insgesamt vier Gesetze der 18. Wahlperiode, die an einer mangelnden Mehrheit in der Länderkammer scheiterten, ist es wie auch bei dem in der 17. Wahlperiode abschließend nicht zustande gekommenen Gesetz nicht ganz einfach, die Gründe für das Scheitern eindeutig entweder parteipolitischen Motiven einerseits oder sachpolitischen Erwägungen und objektiven Landesinteressen andererseits zuzuordnen. Das Gesetz zur Erweiterung der Liste der sicheren Herkunftsstaaten sowie das Gesetz zur Änderung des Asylbewerberleistungsgesetzes müssen im Zusammenhang mit den zahlreichen weiteren Gesetzgebungsaktivitäten im Hinblick auf die deutlich erhöhte Zahl von Flüchtlingen gesehen werden, die seit dem Jahr 2015 in Deutschland Schutz und Zuflucht gesucht haben. Hierbei ging es insbesondere um Regelungen zur Unterbringung, zur finanziellen Unterstützung der den Ländern und Kommunen hierbei entstehenden Kosten, zur Beschleunigung von Asylverfahren, zur Aussetzung des Familiennachzuges sowie zur Verbesserung der Integration (vgl. Bundesrat 2016). Häufig waren diese Gesetze im MPK-Format und anderen informellen Gremien vorbesprochen und entweder als weitreichende Paketlösungen ausgelegt oder von vornherein an ausgehandelten Kompromisslinien ausgerichtet. Dies sollte auch den Regierungsvertreterinnen und Regierungsvertretern von Bündnis 90/ Die Grünen, die im Verlauf der 18. Wahlperiode in bis zu zehn Landesregierungen vertreten waren, im Bund jedoch eine Oppositionsrolle ausübten, eine Zustimmung im Bundesrat ermöglichen (vgl. etwa Eubel 2016). Gerade die Vertreterinnen und Vertreter dieser zehn von Bündnis 90/ Die Grünen mitregierten Länder standen unter erhöhtem Druck, das Spannungsverhältnis zwischen Regierungsbeteiligungen in den Ländern und Opposition im Bund nicht immer nur im

Konsens aufgehen zu lassen, sondern sich der „Konsensmaschinerie“ (Funk 2018: 110) gelegentlich zu entziehen – wodurch sich die Zustimmungsverweigerung insbesondere bei der Frage der Einschränkung von Leistungen nach dem Asylbewerberleistungsgesetz, aber auch bei der abermaligen Erweiterung der Liste sicherer Herkunftsstaaten um Algerien, Marokko und Tunesien erklären lassen dürfte. Bei letzterem Gesetz kommt hinzu, dass das Rechtsinstitut der sicheren Herkunftsstaaten seit seiner Einführung im Jahr 1993 (partei-)politisch sehr umstritten ist (vgl. Herbert 2001: 299), wie auch in der Plenardebatte des Bundesrates am 10. März 2017 deutlich wurde: Während Befürworter einer Ausweitung der Liste sich hiervon deutliche Vereinfachungen und Beschleunigungen der Asylverfahren von Personen aus sicheren Herkunftsstaaten versprechen, für die die gesetzliche Vermutung einer Nichtverfolgung besteht, befürchten Kritiker eine Einschränkung des Umfanges und der Dichte der Prüfung individueller Asylbegehren und sehen damit einhergehend die Gefahr einer Einschränkung des Grundrechtes auf Asyl, zumal bei der Frage der Aufnahme von Algerien, Marokko und Tunesien in die Liste der sicheren Herkunftsstaaten Zweifel an der Menschenrechtssituation in den drei Staaten existierten.[38] Erschwerend kommt bei der öffentlichen Auseinandersetzung um das Konstrukt der Liste der sicheren Herkunftsstaaten hinzu, dass dem Instrument von seinen Befürwortern wie seinen Gegnern ein hoher symbolischer Wert beigemessen wird – was die Debatten entsprechend (partei-)politisch auflädt.

Weniger unversöhnlich wirkten die politischen Auseinandersetzungen bei den beiden Gesetzen, die im Juli beziehungsweise September 2017 von der Tagesordnung der Länderkammer abgesetzt worden sind, zumal die Materie beider Gesetze weit weniger für eine offene (partei-)politische Konfrontation der Ländermehrheit mit dem Bund geeignet zu sein schien. Auch wenn ein Vermittlungsverfahren in der ausgehenden Wahlperiode zu beiden Gesetzen zeitlich wohl nicht mehr realisierbar gewesen wäre, wäre eine Einigung in beiden Fällen sicherlich nicht ausgeschlossen gewesen, wenn es größeren zeitlichen Spielraum für zumindest informelle Verhandlungen zwischen Bund und Ländern gegeben hätte, die durch das nahende Ende der Legislaturperiode und die Schlussphase des Wahlkampfes, aber auch die schleppende Regierungsbildung nach der Bundestagswahl im Herbst 2017 sicherlich zusätzlich erschwert worden sind. Die Aussicht auf eine denkbare Verständigung in beiden Fällen mag sicherlich auch ausschlaggebend dafür gewesen sein, beide Gesetze zu vertagen beziehungs-

38 Vgl. Plenarprotokoll der 954. Sitzung des Bundesrates, 10. März 2017: 92-96.

weise von der Tagesordnung des Plenums abzusetzen und sie damit nicht durch eine aktive Zustimmungsversagung des Plenums abschließend scheitern zu lassen, sondern der Länderkammer die Möglichkeit zur Zustimmung zu einem späteren Zeitpunkt zu geben, zumal, wie bereits ausgeführt, beide Gesetze am Ende der 18. Wahlperiode nicht per se dem Grundsatz der Diskontinuität anheimgefallen sind.

Insgesamt bedeutet dies für die 18. Wahlperiode, dass bei vier von 555 Gesetzen, die der Bundestag beschlossen und dem Bundesrat zugeleitet hatte, eine Uneinigkeit zwischen Bundestag und Bundesrat weder in den formellen Gremien noch in informellen Verhandlungsarenen ausgeräumt werden konnte, so dass die Länderkammer diesen die Zustimmung versagte. Dies entspricht einer Ablehnungsquote von 0,72 Prozent. Möglicherweise könnte sich diese Quote auch noch reduzieren, wenn man denkbare und dann möglicherweise erfolgreiche Neuanläufe für die vier nicht zustande gekommenen Gesetze in der 19. Wahlperiode zu einem späteren Zeitpunkt der Betrachtung in die Analyse miteinbezieht, wie dies in Kapitel 8.2 anhand von zwei in der 17. Wahlperiode zunächst gescheiterten, in der 18. Wahlperiode dann jedoch erneut aufgegriffenen und erfolgreich zum Abschluss gebrachten Gesetzesvorhaben gesehen werden konnte. Angekündigt sind bislang im November 2018 für die 19. Wahlperiode beispielsweise eine Novellierung des Asylbewerberleistungsgesetzes sowie eine Reform der Kinder- und Jugendhilfe. Zudem hat die Bundesregierung am 18. Juli 2018 den „Entwurf eines Gesetzes zur Einstufung Georgiens, der Demokratischen Volksrepublik Algerien, des Königreichs Marokko und der Tunesischen Republik als sichere Herkunftsstaaten“[39] verabschiedet, der das Gesetzesvorhaben, dem die Länderkammer am 10. März 2017 die Zustimmung versagt hatte, erneut aufgreift und um Georgien als weiteres sicheres Herkunftsland erweitert. Der Gesetzentwurf durchlief den Bundesrat am 21. September 2018, ohne dass sich die Länder dabei auf eine Stellungnahme zu dem Vorhaben verständigt haben. Am 8. November 2018 ist das Gesetzesvorhaben in erster Lesung im Bundestag behandelt und in die zuständigen Ausschüsse verwiesen worden, die das Vorhaben bei Redaktionsschluss dieses Buches Ende November 2018 noch beraten.

Auffallend ist für die 18. Wahlperiode die geringe und erst sehr spät einsetzende Aktivität des Vermittlungsausschusses. Dieser wurde lediglich zu drei Gesetzgebungsvorhaben angerufen, nämlich dem „Dritten Gesetz zur Änderung des Regionalisierungsgesetzes (Drs. 81/15)“ (Anrufung durch

39 Vgl. Drs. 380/18.

den Bundesrat am 27. März 2015), dem „Gesetz zur Anpassung des Erbschaftsteuer- und Schenkungsteuergesetzes an die Rechtsprechung des Bundesverfassungsgerichts“ (Drs. 344/16)“ (Anrufung durch den Bundesrat am 8. Juli 2016) sowie dem „Dritten Gesetz zur Änderung des Asylbewerberleistungsgesetzes“ (Drs. 713/16) (Anrufung durch die Bundesregierung am 21. Dezember 2016). Zudem hat sich der Vermittlungsausschuss, der zu seiner ersten Sitzung erstmals am 9. September 2015 zusammenkam, etwa in der Hälfte der Legislaturperiode und somit erst außergewöhnlich spät konstituiert. Insgesamt hat er in der 18. Wahlperiode nur dann erfolgreich Kompromisse zwischen Bundestag und Bundesrat bewirken können, wenn es bei den Verhandlungsgegenständen weniger um parteipolitisch kontroverse Themen als um Streitigkeiten zwischen dem Bund und den Ländern als Ganzes ging, was klassischerweise insbesondere auf finanzwirksame Regelungen und Kompetenzverteilungen zwischen Bund und Ländern zutrifft. Die Novellierung des Regionalisierungsgesetzes, bei der die Höhe des Bundesanteils an den Kosten für den öffentlichen Personennahverkehr verhandelt wurde, und die Reform der Erbschaftsteuer konnten im Vermittlungsausschuss mit einer Einigung abgeschlossen werden, die anschließend von Mehrheiten in Bundestag und Bundesrat bestätigt wurden (vgl. Podschull-Wellmann 2018: 49, 51-57; Vermittlungsausschuss 2018; Leithäuser 2016b). Beim „Dritten Gesetz zur Änderung des Asylbewerberleistungsgesetzes“ konnte das Vermittlungsverfahren, das zeitlich deutlich vor der Bundestagswahl noch hätte abgeschlossen werden können, hingegen nicht beendet werden, da die Beteiligten in ihren Positionen zu weit auseinander lagen (vgl. Funk 2016e).

8.4 Fazit: Pragmatismus und Vertrauen trotz Konkurrenz und Fragmentierung in den Jahren 2009 bis 2017

Im Ergebnis der Analyse der Gesetzgebung in der 17. und 18. Wahlperiode kann man eine hohe Konsensfähigkeit zwischen Bund und Ländern trotz der sich stetig verändernden Mehrheitsverhältnisse in der Länderkammer und der sich kontinuierlich erhöhenden Vielfalt der parteipolitischen Regierungsarrangements in den 16 Ländern konstatieren. Der politische Wettbewerb zwischen den Parteien und dessen öffentliche Austragung war zwar in beiden Wahlperioden sichtbar, wie man etwa an der steigenden Zahl der Anrufungen des Vermittlungsausschusses gegen Ende der 17. Wahlperiode nach Erlangung der A-Länder-Mehrheit in der Länderkammer sehen kann. Gleichzeitig war es in beiden Legislaturperioden aber auch möglich, fast alle umstrittenen Gesetzgebungsvorhaben zu einem mehrheitsfähigen Ausgleich zu bringen.

Mit Ablehnungsquoten von gerade einmal 0,2 Prozent in der 17. beziehungsweise 0,72 Prozent in der 18. Wahlperiode bei vergleichbar hoher Gesetzgebungstätigkeit von insgesamt 544 Gesetzen in der 17. und 555 Gesetzen in der 18. Wahlperiode kann zusammenfassend für die Jahre 2009 bis 2017 die These der Blockadeanfälligkeit des föderalen Gefüges der Bundesrepublik empirisch widerlegt werden. Vielmehr kann gerade für diesen Zeitraum, in dem vornehmlich entweder parteipolitisch gegenläufige oder keine eindeutigen parteipolitischen Mehrheiten in der Länderkammer existierten, eine konkordanzdemokratisch geprägte Phase konstatiert werden, in der der Bundesrat keiner parteipolitischen Vereinnahmung unterlag. Zwar existierten naturgemäß parteipolitisch unterschiedlich definierte Interessenlagen, doch schien es trotz der Konkurrenz zwischen den Parteien in beiden Wahlperioden eine von Pragmatismus und Vertrauen geprägte Einsicht zur Zusammenarbeit zwischen den handelnden Akteuren gegeben zu haben, die sich angesichts der gestiegenen parteipolitischen Vielfalt und Fragmentierung in der Länderkammer im Verlauf der 18. Wahlperiode noch erhöht haben dürfte.

Zwar nahm die Anzahl der Gesetze, die die Länderkammer nicht erfolgreich passierten, in der 18. Wahlperiode im Vergleich zur vorangegangenen Legislatur zu und stieg von einem auf vier und somit geringfügig an. Gerade angesichts der kontinuierlich zugenommenen parteipolitischen Vielfalt unter den Länderregierungen und der damit einhergehenden Auflösung der klassischen parteipolitischen Blöcke nach Wegfall der A-Länder-Mehrheit im Bundesrat im Frühjahr 2016 kann diese Zahl jedoch nach wie vor als bemerkenswert niedrig angesehen werden, zumal gerade dem Nicht-Zustandekommen des Asylbewerberleistungsgesetzes und des Gesetzes zur Erweiterung der Liste der sicheren Herkunftsstaaten um Algerien, Marokko und Tunesien das Zustandekommen zahlreicher, mitunter ebenfalls äußerst umstrittener und entsprechend kontrovers diskutierter Gesetze zur Bewältigung der Herausforderungen infolge der stark gestiegenen Zuzugszahlen von Flüchtlingen nach Deutschland gegenüberstehen. Die Motive, die bei der Verweigerung der Zustimmung zu den Gesetzen eine Rolle gespielt haben mögen, können sicherlich auch vor dem Hintergrund parteipolitischer Unterschiede ausgelegt werden, sind aber kein Beleg für eine generelle parteipolitische Vereinnahmung oder gar parteitaktisch motivierte Blockadehaltung der Länder im Bundesrat. Auch eine Selbstblockade aufgrund überhandnehmender Enthaltungen der zunehmend parteipolitisch diverser zusammengesetzten Länderregierungen kann dem Bundesrat nicht attestiert werden.

Zu beobachten ist allerdings eine Veränderung der Konsensfindungsprozesse im Untersuchungszeitraum: Während gerade angesichts der gegen Ende der 17. Wahlperiode existierenden gegenläufigen Mehrheiten von Schwarz-Gelb im Bundestag und Rot-Rot-Grün im Bundesrat der Vermittlungsausschuss mit insgesamt 43 Vermittlungsverfahren (Anrufungsquote: rund 7,8 Prozent) ein wichtiges Forum zur Konsensfindung darstellte, wurde der Vermittlungsausschuss in der 18. Wahlperiode bei nur drei Gesetzen angerufen (Anrufungsquote: rund 0,54 Prozent) und konstituierte sich auch erst nach etwa der Hälfte der Legislaturperiode. Dieser starke Rückgang der Vermittlungsverfahren deutet darauf hin, dass der Konsens zwischen Bundesparlament und Länderkammer in der 18. Wahlperiode deutlich stärker in informellen Arenen außerhalb der eigentlich zuständigen Gremien gesucht wurde, darunter insbesondere in innerparteilichen und innerkoalitionären Verhandlungsformaten auf Ebene des Bundes und der Länder. Die unter der Kanzlerschaft Angela Merkels stetig gewachsene Rolle der MPK dürfte gerade in der 18. Wahlperiode ebenfalls eine zentrale Rolle bei der Konsensbildung gespielt haben. Diese trat während dieses Zeitraumes nicht nur deutlich häufiger als zuvor zusammen, sondern widmete sich dabei, wie in Kapitel 6 dargestellt, auf höchster exekutiver Ebene zahlreichen strittigen Gesetzesvorhaben, die im Nachgang zur politischen Verständigung im MPK-Format erst die eigentlich hierfür vorgesehenen formellen Gesetzgebungsverfahren durchliefen.

9 Resümee: Gesetzgebung im kooperativen Föderalismus der Bundesrepublik

Der Bundesrat verkörpert das Spannungsverhältnis zwischen parlamentarischer Konkurrenzdemokratie und bundesstaatlicher Verhandlungsdemokratie und steht in dessen Mittelpunkt. Er ist eine zentrale Komponente der im Grundgesetz angelegten Verschränkung und Balancierung der öffentlichen Gewalt. Das föderale Miteinander zwischen dem Bund und den Ländern wird dabei überlagert von den Strukturen und Gesetzmäßigkeiten des Parteienwettbewerbs. Parteien und ihre internen Aushandlungsmechanismen wirken eng an der Kompromisssuche im Bundesstaat mit, was in Abhängigkeit von den jeweiligen Mehrheitsverhältnissen in Bundestag und Bundesrat unterschiedliche Folgen für die Verhandlungsarena zwischen dem Bund und den Ländern haben kann.

Das Spannungsverhältnis zwischen föderaler Verhandlungslogik und parteipolitischer Wettbewerbslogik zeigt sich sehr deutlich an den Entscheidungsfindungsprozessen der Länderkammer. Diese sind durch ein Ineinandergreifen von formell-administrativen und informell-politischen Koordinationsstrukturen geprägt, wofür insbesondere die organisatorischen Verbindungen zwischen den staatlichen Strukturen des föderalen Gefüges und den parteipolitischen Strukturen auf Bundes- und Landesebene verantwortlich zeichnen. Die administrativen Mechanismen ermöglichen die Entscheidungsfindung in einem eng strukturierten und stark fokussierten, zugleich jedoch inhaltlich offenen Verfahren, das mit hohen Hürden zur Mehrheitsfindung versehen ist. Gleichzeitig sind die administrativen Entscheidungsverfahren auf die Vorstrukturierung des politischen Entscheidungsprozesses ausgerichtet, für den sie eine entlastende Wirkung entfalten. Der politische Entscheidungsprozess ist komplex und im Zusammenwirken der unterschiedlichen Akteurskonstellationen, die für eine Mehrheit in der Länderkammer benötigt werden, auch von situativen Rahmenbedingungen und unterschiedlich gelagerten Interessen abhängig, was ihn gerade bei umstrittenen Entscheidungen wenig kalkulierbar macht. Parteipolitische Erwägungen spielen in der Entscheidungsfindung eine Rolle, können jedoch von föderalen Gesichtspunkten oder landesspezifischen Interessen durchaus überlagert werden.

Als Institution muss der Bundesrat mit seinen Mitwirkungs- und Vetomöglichkeiten deshalb in engem Zusammenspiel mit den anderen Komponenten des Regierungssystems gesehen und bewertet werden, insbesondere den bundesstaatlich organisierten und zentralisierten Parteien, die in der Parteiendemokratie deutscher Prägung selber Verfassungsinstitutionen darstellen und als solche sehr eng mit den übrigen Verfassungsorganen verflochten sind. Vor allem die beiden Volksparteien mit ihren engen organisatorischen, personellen und inhaltlichen Verzahnungen zwischen der Bundes- und der Landesebene sowie ihrem umfassenden programmatischem Anspruch, der darauf ausgerichtet ist, vielfältigste Interessenlagen zu einem Ausgleich zu bringen, wirken bereits an sich als konsensfördernde Vermittlungsinstitutionen und befördern dadurch die konsensuale Entscheidungsfindung zwischen Bund und Ländern. Im Ergebnis führt die geteilte Souveränität im deutschen Bundesstaat in Phasen auseinanderfallender oder gar gegenläufiger Mehrheitsverhältnisse in Bundestag und Bundesrat zu einer Verstärkung konsensdemokratischer Praktiken, so dass die Zusammenarbeit im föderalen Miteinander gerade in Zeiten des „divided government" eher konkordanzdemokratische Züge annimmt. Entsprechend ist der politische Alltag in Deutschland im Ergebnis durch Konsens und gerade nicht durch Blockade gekennzeichnet – zumindest so lange, wie die in ihm wirkenden Parteien die Notwendigkeit zur Zusammenarbeit und zur Konsensbildung anerkennen und sich in ihrem Verhalten nicht von einer radikalen Konfliktorientierung leiten lassen.

Diese aus einer allgemeinen Betrachtung des deutschen Regierungssystems abgeleitete Zusammenfassung wird durch die hierin vorgenommene Analyse der zwischen Bundestag und Bundesrat strittigen Gesetzgebungsvorhaben aus der 17. und der 18. Wahlperiode bekräftigt. Angesichts der im Juli 2010 wegbrechenden parteipolitischen Regierungsmehrheit in der Länderkammer sowie der ab Frühjahr 2013 im Bundesrat wirkenden Oppositionsmehrheit nahm nach außen hin der politische Wettbewerb zwischen den Regierungsparteien und den Oppositionsparteien zu, was sich in zahlreichen Anrufungen des Vermittlungsausschusses und in langwierigen Vermittlungsverfahren niederschlug. Bis auf das Gesetz zur Ratifizierung des deutsch-schweizerischen Steuerabkommens konnte jedoch in der 17. Wahlperiode zu allen anderen Gesetzen die Uneinigkeit zwischen Bundestag und Bundesrat ausgeräumt und unterschiedliche Positionen zu einem Ausgleich gebracht werden, so dass man auch für diesen Zeitraum trotz der klaren parteipolitischen Blockbildung in beiden Verfassungsorganen von einer eher konkordanzdemokratisch geprägten Phase ausgehen kann.

Die 18. Wahlperiode war bereits durch die Zusammensetzung der Bundesregierung aus Union und SPD auf einen breiten politischen Konsens angelegt. Die Anzahl der Gesetze, die aufgrund fehlender Zustimmung der Länderkammer nicht zustande gekommen sind, stieg zwar leicht auf vier Gesetze an, doch verbleibt damit die Ablehnungsquote noch immer bei unter einem Prozent, so dass auch dieser Zeitraum als konkordanzdemokratisch geprägte Phase angesehen werden kann. Zwar hatte die Bundesregierung zu keinem Zeitpunkt eine parteipolitisch korrespondierende Mehrheit in der Länderkammer an ihrer Seite, sondern musste während der gesamten Dauer der Legislaturperiode von Landesregierungen mit bundespolitischer Oppositionsbeteiligung unterstützt werden, um Zustimmungsgesetze erfolgreich den Bundesrat passieren zu lassen. Gleichwohl dürfte insbesondere die enge parteipolitische Verzahnung zwischen den Landesregierungen und der Bundesregierung dazu geführt haben, dass sich Verhandlungen zwischen dem Bund und den Ländern in strittigen Fragen während dieser Legislaturperiode weitgehend in informelle innerparteiliche und somit parteipolitisch geprägte Verhandlungsarenen verlagert haben, die weniger vom parteipolitischen Wettbewerb, sondern eher von konsensorientierten Verhandlungsmustern geprägt waren. Zwar ist während der gesamten 18. Wahlperiode keine mehrheitliche Entscheidung der Länderkammer ohne die Stimmen zumindest eines Landes zustande gekommen, in dessen Regierung eine oder zwei der Bundestags-Oppositionsparteien vertreten waren. Umgekehrt sind in jeder der 16 Landesregierungen zumindest eine, mitunter aber auch beide Parteien der auf Bundesebene regierenden Großen Koalition vertreten, was eine Einbeziehung aller Länder in die informellen Aushandlungsstrukturen der Koalitionsparteien auf Bundesebene gewährleistet. Auch dies dürfte mit dazu beigetragen haben, dass es zu keiner Selbstblockade der Länderkammer durch eine wachsende Anzahl von Enthaltungen bei den Plenarabstimmungen gekommen ist. Nach außen hin verdeutlichte sich dieses Muster der Entscheidungsfindung in der niedrigen Anzahl an Vermittlungsverfahren sowie an der sprunghaft angestiegenen Anzahl der Ministerpräsidentenkonferenzen mit der Bundeskanzlerin, die in der 18. Wahlperiode insgesamt 64-mal und damit achtmal so häufig wie regulär stattgefunden haben. Dieses Gremium auf höchster exekutiver Ebene, das im Grundgesetz nicht vorgesehen ist, kann für die 18. Wahlperiode durchaus als ein institutionalisiertes Forum der Koordination und der Zusammenarbeit zwischen dem Bund und den Ländern gelten.

Die im vorangegangenen Kapitel vorgenommene Untersuchung strittiger Gesetze in der 17. und 18. Wahlperiode geht zwar nicht auf den materiellen Regelungsgehalt der ausgehandelten Ergebnisse und die damit zusammenhängenden Fragen ihrer Effektivität und ihrer Effizienz ein, so dass die dem Strukturbruch des politischen Systems sowie die der bundesdeutschen Politikverflechtung attestierte Neigung zu ineffektiven und ineffizienten Lösungen für die in Rede stehenden Gesetze nicht näher beleuchtet wird. Deutlich wird in der Untersuchung jedoch, dass trotz gegenläufiger Mehrheiten in der 17. Wahlperiode alle Gesetze bis auf eines erfolgreich zum Abschluss gebracht werden konnten, was bereits an sich der These der Blockadeanfälligkeit widerspricht. Gleiches gilt für die 18. Wahlperiode, in der trotz durchgängig fehlender Mehrheit der Regierungsparteien in der Länderkammer lediglich vier Gesetze nicht zustande gekommen sind. Zwar kann sich das Erreichen eines konstruktiven Ausgleichs regionaler und politischer Interessen durchaus als schwerfällig und langwierig erweisen. Ob derart ausgehandelte Lösungen im Ergebnis weniger effektiv und effizient sind als die ursprünglichen Vorschläge, lässt sich jedoch bezweifeln. Eine eindeutige Antwort scheitert hier meistens schon daran, dass Effektivität und Effizienz keine eindeutig zu bewertenden politischen Kategorien sind und auch nicht sein können.

Fraglich ist, welche Auswirkungen die vor allem in jüngster Zeit zunehmende Pluralisierung und Fragmentierung sowie die mit ihnen einhergehende Ausdifferenzierung der Parteiensysteme in den Ländern und im Bund sowie die Auflösung klassischer parteipolitischer Blockbildungen auf die formellen wie informellen Entscheidungsfindungsprozesse im kooperativen Föderalismus künftig haben werden. Mit Blick auf den Bundesrat fallen hierbei zunächst die mittlerweile fünf Bundesländer auf, deren Regierungen sich auf jeweils drei Koalitionsparteien stützen. Derartige Arrangements sind nicht nur koordinationsintensiver als Koalitionen aus zwei Parteien, sondern auch inhaltlich heterogener, was die Summe der Landesinteressen an sich ebenfalls vielfältiger und heterogener machen dürfte. Zudem lösen sich die klassischen parteipolitischen Blöcke, die früher unter der Kategorisierung in A- und B-Länder zusammengefasst worden sind, zunehmend auf. Neben Union und SPD stellen seit geraumer Zeit auch Bündnis 90/ Die Grünen und Die Linke jeweils einen Ministerpräsidenten. Die Partei von Bündnis 90/ Die Grünen ist dabei nicht mehr auf Koalitionen mit der SPD beschränkt, sondern regiert in mittlerweile fünf Ländern gemeinsam mit CDU und/ oder FDP, was ihren Orientierungsrahmen und damit den zu überbrückenden Spannungsbogen zweifellos vergrößert.

Insgesamt dürfte sich diese gestiegene Vielfalt in den Ländern und in der Länderkammer in steigenden Koordinationsbedürfnissen zwischen den Ländern und mit dem Bund sowie in ebenfalls steigenden Konsenserfordernissen niederschlagen. So lange sich auch in Zukunft im Parteiensystem keine Kraft dauerhaft etablieren kann, die von radikaler Konfliktorientierung geprägt ist, dürfte sich an der grundlegenden konkordanzdemokratischen Ausprägung des föderalen Gefüges der Bundesrepublik allerdings wenig ändern. Das Regieren wird unter diesen Umständen zwar schwieriger, aber deshalb nicht zwangsläufig auch blockadeanfälliger.

Offen ist zum jetzigen Zeitpunkt, welche Auswirkungen die Veränderung des Parteiensystems durch die Wahl der rechtspopulistischen AfD in den 19. Deutschen Bundestag und in mittlerweile alle 16 Landtage auf diese konkordanzdemokratische Orientierung des föderalen Miteinanders haben wird. Zwar ist die AfD weder im Bund noch in einem Land in einer Regierung vertreten und deshalb auch nicht in die exekutiv geprägten, informellen Konsensbildungsprozesse zwischen dem Bund und den Ländern involviert. Auch ist es beim Verfassen dieser Zeilen im November 2018 und somit nach erst etwas mehr als einem Jahr nach der Konstituierung des 19. Deutschen Bundestages sicherlich zu früh, diese Frage beantworten zu können. Feststellen lässt sich allerdings, dass sich durch die Wahl der rechtspopulistischen AfD nicht nur die Arithmetik in den jeweiligen Parlamenten verändert hat, in die sie eingezogen ist, sondern sich über die veränderten Kräfteverhältnisse auch Auswirkungen auf die jeweiligen Regierungsbildungsprozesse ergeben haben, da Koalitionsbildungen unter den Parteien des demokratischen Spektrums angesichts von mitunter zweistelligen Wahlergebnissen der AfD und einer zunehmenden Kleinteiligkeit der Parteiensysteme schwieriger geworden sind. Nicht ganz von der Hand weisen lässt sich zudem der Eindruck, dass die Existenz der rechtspopulistischen AfD und ihre Wahlerfolge sowie die geänderte Arithmetik der Parteiensysteme zumindest mittelbaren Einfluss auf die Konsensfähigkeit einzelner anderer Parteien gehabt haben, deren Argumentationsmuster und Handlungsfähigkeiten seitdem zuweilen ebenfalls einer gewissen Kleinteiligkeit unterliegen. Als Belege auf Bundesebene ließen sich hierfür etwa die Schwierigkeiten bei der nach über sechs Wochen im letzten Moment gescheiterten Sondierung einer Koalition zwischen CDU, FDP, Bündnis 90/ Die Grünen und CSU im Oktober und November 2017, aber auch die anhaltenden Auseinandersetzungen zwischen CSU und CDU benennen, die im Sommer und Herbst 2018 mit besonderer Schärfe geführt worden sind und beinahe zum Bruch der damals erst wenige Monate alten Koalitionsregierung aus CDU, SPD und CSU geführt hätten.

Dies könnten erste Anzeichen für eine langsame Modifikation des bislang konkordanzdemokratisch geprägten Miteinanders der Parteien sein, die den Parteienstaat deutscher Prägung, darüber allerdings auch die Ausgleichsmechanismen des existierenden Spannungsverhältnisses zwischen parlamentarischer Konkurrenz- und bundesstaatlicher Verhandlungsdemokratie verändern könnte. Zwingend ist dieser Schluss allerdings nicht. Es wird der Analyse zu einem späteren Zeitpunkt vorbehalten bleiben herauszufinden, ob die Veränderung der Parteiensysteme im Bund und in den Ländern Einfluss auf die konkordanzdemokratische Ausprägung des föderalen Gefüges haben und die Politik zwischen dem Bund und den Ländern dadurch blockadeanfälliger werden wird.

Literatur

Bäck, Hanna/ Debus, Marc/ Klüver, Heike (2016): Bicameralism, intra-party bargaining, and the formation of party policy positions. Evidence from the German federal system, in: *Party Politics* 22 (3): 405-417.

Bartsch, Matthias/ Bruhns, Annette/ Friedemann, Jan/ Großbongardt, Annette/ Winter, Steffen (2018): Die neue Sachlichkeit, in: *Der Spiegel* 2, 5. Januar 2018: 42-43.

Benz, Arthur (2009): *Politik in Mehrebenensystemen*, Wiesbaden: VS Verlag für Sozialwissenschaften.

Best, Volker (2018): Bundesratsreform und gemischte Länderkoalitionen. Zum Bargaining-Potenzial der Bundesregierung bei absoluter, relativer und umgekehrter Mehrheitsregel in der „Länderkammer", in: *Zeitschrift für Politikwissenschaft* 28 (1): 31-48.

Blätte, Andreas/ Hohl, Karina (2013): Gestaltungsspielräume des Regierens in den Ländern. Landespolitik zwischen Marginalisierung, Blockade und Innovation, in: Karl-Rudolf Korte/ Timo Grunden (Hrsg.): *Handbuch Regierungsforschung*, Wiesbaden: Springer VS, 207-215.

Böll, Sven/ Knaup, Horand (2016): Föderaler Tiefschlaf, in: *Der Spiegel* 44, 29. Oktober 2016: 42.

Böll, Sven/ Knaup, Horand/ Wiedmann-Schmidt, Wolf (2017): Linke Nummer, in: *Der Spiegel* 15, 8. April 2017: 34-35.

Borowy, Oliver (2010): Die Rechtsprechung des Bundesverfassungsgerichts zu den Kompetenzen des Vermittlungsausschusses. Auswirkungen auf die parlamentarische Praxis und Reformüberlegungen, in: *Zeitschrift für Parlamentsfragen* 41 (4): 874-902.

Bundesrat (2016): *Asyl- und Flüchtlingspolitik. Herausforderungen gemeinsam meistern*, Themenseite, Stand: 8. Juli 2016, [http://www.bundesrat.de/DE/plenum/themen/asyl/asyl-node.html] (Zugang: 12. September 2016).

Bundesrat (2017a): *Bilanz der 18. Wahlperiode. Das alles war im Bundesrat*, [https://www.bundesrat.de/SharedDocs/texte/17/20170927-bilanz-18wp.html] (Zugang: 25. Juli 2018).

Bundesrat (2017b): *Statistik der parlamentarischen Arbeit des Bundesrates, Berichtszeitraum 916. bis 960. Sitzung des Bundesrates (Sitzungen im Zeitraum der 18. Wahlperiode des Bundestages)*, 3. November 2017, [https://www.bundesrat.de/SharedDocs/downloads/DE/statistik/18wp.pdf;jsessionid=451C98FC621BBB85EC9DE4DFD5BA8F93.1_cid391?__blob=publicationFile&v=40] (Zugang: 13. Februar 2018).

Bundesrat (2018): *Handbuch des Bundesrates für das Geschäftsjahr 2017/ 2018*, Stand: 17. April 2018, Berlin/ Bonn.

Bundeswahlleiter (2018): *Ergebnisse früherer Landtagswahlen. Stand: 31. Januar 2018*, Wiesbaden, [https://www.bundeswahlleiter.de/dam/jcr/a333e523-0717-42ad-a772-d5ad7e7e97cc/ltw_erg_gesamt.pdf] (Zugang: 24. November 2018).

Burkhart, Simone (2008): *Blockierte Politik. Ursachen und Folgen von „Divided Government" in Deutschland*, Frankfurt am Main: Campus-Verlag.

Burkhart, Simone/ Manow, Philip (2006): Kompromiss und Konflikt im parteipolitisierten Föderalismus der Bundesrepublik Deutschland, in: *Zeitschrift für Politikwissenschaft* 16 (3): 807-824.

Cecere, Vito (2011): Der Bund und die Länder: Bund-Länder-Koordinierung in der Regierungspraxis der Großen Koalition, in: Uwe Jun/ Sven Leunig (Hrsg): *60 Jahre Bundesrat. Tagungsband zum Symposium an der Friedrich-Schiller-Universität Jena vom 12. bis 14. Oktober 2009*, Baden-Baden: Nomos, 53-67.

Clostermeyer, Claus-Peter (2014): „Politische Feinmechanik mit Gangreserve" – Formen der Zusammenarbeit unter den deutschen Ländern, in: *Jahrbuch des Föderalismus 2014. Föderalismus, Subsidiarität und Regionen in Europa*, Baden-Baden: Nomos, 131-141.

Clostermeyer, Claus-Peter/ Exo, Astrid (2011): Gesetzgebungsqualität durch Föderalismus in bewegten Zeiten, in: *Jahrbuch des Föderalismus 2011. Föderalismus, Subsidiarität und Regionen in Europa*, Baden-Baden: Nomos, 143-152.

Decker, Frank (2009): Falsche Enthaltsamkeit im Bundesrat, in: *Neue Gesellschaft Frankfurter Hefte* 4: 15-17.

Decker, Frank (2011a): *Regieren im „Parteienbundesstaat". Zur Architektur der deutschen Politik*, Wiesbaden: VS Verlag für Sozialwissenschaften.

Decker (2011b): Reform des Bundesrates: unmöglich oder unnötig? in: Jun, Uwe/ Leunig, Sven (Hrsg.): *60 Jahre Bundesrat. Tagungsband zum Symposium an der Friedrich-Schiller-Universität Jena vom 12. bis 14. Oktober 2009*, Baden-Baden: Nomos, 200-217.

Decker, Frank (2013): Parteien und Verfassungsorgane, in: Niedermayer, Oskar (Hrsg.): *Handbuch Parteienforschung*, Wiesbaden: Springer VS, 295-318.

Decker, Frank (2018): *Parteiendemokratie im Wandel*, 2., aktualisierte und überarbeitete Auflage, Baden-Baden: Nomos.

Decker, Frank/ Ruhose, Fedor (2018): Auf der Suche nach stabilen Koalitionen, in: *Neue Gesellschaft Frankfurter Hefte* 12: 19-23.

Die Welt (2015): *Steuersünder-Daten: Aus Angst wird Geld*, 9. August 2015: 17, [http://www.welt.de/print/wams/article144979454/Steuersuender-Daten-Aus-Angst-wird-Geld.html] (Zugang: 14. Juli 2016).

Dörries, H. Ulrich (2017): Auf der Zielgeraden gestoppt? Im Blickpunkt: Neue Hindernisse bei der Schaffung des Einheitlichen Patentgerichts, in: *Deutscher AnwaltSpiegel*, Ausgabe 14, 12. Juli 2017, [https://www.deutscheranwaltspiegel.de/wp-content/uploads/2017/07/4_Dörries_DAS_14_2017.pdf] (Zugang: 21. Juni 2018).

Eschenburg, Theodor (1974): Der Bundesrat, in: Der Bundesrat (Hrsg.): *Der Bundesrat 1949-1974. Ein Porträt*, Pfullingen: Verlag Günther Neske, 9-15.

Eubel, Cordula (2016): Die grüne Macht im Bundesrat. Am Drücker, in: *Der Tagesspiegel*, 13. Dezember 2016: 11, [http://www.tagesspiegel.de/themen/agenda/die-gruene-macht-im-bundesrat-am-druecker/14967534.html] (Zugang: 13. Dezember 2016).

Feldkamp, Michael F. (2018): Deutscher Bundestag 1998 bis 2017/18: Parlaments- und Wahlstatistik für die 14. bis beginnende 19. Wahlperiode, in: *Zeitschrift für Parlamentsfragen* 49 (2): 207-222.

Frankfurter Allgemeine Zeitung (FAZ) (2008): *BKA-Gesetz und Bundesrat. Schäuble will Abstimmungsregeln ändern*, 21. November 2008, [http://www.faz.net/aktuell/politik/inland/bka-gesetz-und-bundesrat-schaeuble-will-abstimmungsregeln-aendern-1725465.html] (Zugang: 29. August 2018).

Frankfurter Allgemeine Zeitung (FAZ) (2011): *Winfried Kretschman im F.A.Z.-Gespräch. „In der Wirtschaft wollen wir eine Revolution“*, 27. Mai 2011, [http://www.faz.net/aktuell/politik/inland/2.1660/winfried-kretschmann-im-f-a-z-gespraech-in-der-wirtschaft-wollen-wir-eine-revolution-1634152.html] (Zugang: 20. Oktober 2018).

Frankfurter Allgemeine Zeitung (FAZ) (2016): *Sichere Herkunftsstaaten. Kretschmann verspricht Zustimmung*, 17. Juni 2016, [http://www.faz.net/aktuell/politik/inland/sichere-herkunftsstaaten-kretschmann-verspricht-zustimmung-14292770.html] (Zugang: 22. Juni 2018).

Frankfurter Allgemeine Zeitung (FAZ) (2017): *Bundesrat hat abgestimmt. Maghreb-Staaten sind keine sicheren Herkunftsländer*, 10. März 2017, [http://www.faz.net/aktuell/politik/inland/bundesrat-maghreb-staaten-keine-sicheren-herkunftslaender-14918153.html] (Zugang: 22. Juni 2018).

Frankfurter Allgemeine Zeitung (FAZ) (2018): *Machtverlust der Länder*, 20. Oktober 2018: 8.

Fromme, Friedrich Karl (1980): *Gesetzgebung im Widerstreit. Wer beherrscht den Bundesrat? Die Kontroverse seit 1969*, Stuttgart: Verlag Bonn aktuell, 2., überarbeitete Auflage.

Funk, Albert (2010): *Föderalismus in Deutschland. Vom Fürstenbund zur Bundesrepublik*, Bonn: Bundeszentrale für politische Bildung.

Funk, Albert (2014a): Bund und Länder. Wir müssen reden, in: *Der Tagesspiegel*, 11. Februar 2014, [http://www.tagesspiegel.de/themen/agenda/bund-und-laender-wir-muessen-reden/9460470.html] (Zugang: 14. Juni 2016).

Funk, Albert (2014b): Bundesrat mit Bodo Ramelow. Thüringen ist Rotrotgrüningen, in: *Der Tagesspiegel*, 11. Dezember 2014, [https://www.tagesspiegel.de/politik/bundesrat-mit-bodo-ramelow-thueringen-ist-rotrotgrueningen/11084704.html] (Zugang: 20. Oktober 2018).

Funk, Albert (2015a): Bundesrat. Olaf Scholz sammelt Aufgaben, in: *Der Tagesspiegel*, 10. November 2015, [http://www.tagesspiegel.de/themen/agenda/bundesrat-olaf-scholz-sammelt-aufgaben/12563224.html] (Zugang: 24. Oktober 2016).

Funk, Albert (2015b): SPD-Politiker kritisiert Gesetzgebungsaktivismus in Berlin. Ungute Dauergipfelei, in: *Der Tagesspiegel*, 7. Dezember 2015, [http://www.tagesspiegel.de/politik/spd-politiker-kritisiert-gesetzgebungsaktivismus-in-berlin-ungute-dauergipfelei/12686276.html] (Zugang: 14. Juni 2016).

Funk, Albert (2016a): Koalitionsvielfalt im Bundesrat. Neue Farbenlehre, in: *Der Tagesspiegel*, 19. April 2016, [http://www.tagesspiegel.de/themen/agenda/koalitionsvielfalt-im-bundesrat-neue-farbenlehre/13465426.html] (Zugang: 14. Juni 2016).

Funk, Albert (2016b): Kretschmann wechselt zu den Schwarzen. Der neue Konservative, *Der Tagesspiegel*, 13. Mai 2016: 1.

Funk, Albert (2016c): Zehn Jahre Föderalismusreform. Einheit geht vor Vielfalt, in: *Der Tagesspiegel*, 2. September 2016, [http://www.tagesspiegel.de/politik/zehn-jahre-foederalismusreform-einheit-geht-vor-vielfalt/14490940.html] (Zugang: 18. Oktober 2016).

Funk, Albert (2016d): Vom Wert der Stimmen, in: *Der Tagesspiegel*, 18. Oktober 2016: 14.

Funk, Albert (2016e): Bundesrat. Rot-schwarz-grüne Spielereien, in: *Der Tagesspiegel*, 16. Dezember 2016, [https://www.tagesspiegel.de/politik/bundesrat-rot-schwarz-gruene-spielereien/14991212.html] (Zugang: 21. Juni 2018).

Funk, Albert (2017): *Bundesrat setzt Gesetze von der Tagesordnung ab. Ein bisschen aufmüpfig*, in: Der Tagesspiegel, 7. Juli 2017, [https://www.tagesspiegel.de/politik/bundesrat-setzt-gesetze-von-der-tagesordnung-ab-ein-bisschen-aufmuepfig/20034116.html] (Zugang: 21. Juni 2018)

Funk, Albert (2018): Demokratie und Föderalismus. Kooperationsüberschuss und Mangel an Autonomie, oder: Die anderen machen es auch so, in: *GWP – Gesellschaft. Wirtschaft. Politik* 67 (1):107-116.

Gauck, Joachim (2015): *Feierstunde „25 Jahre 16 Länder im Bundesrat"*, Rede im Bundesrat am 27. November 2015, Redemanuskript, [http://www.bundespraesident.de/SharedDocs/Downloads/DE/Reden/2015/11/151127-Bundesrat-25-Jahre-16-Laender.pdf ;jsessionid=9BE9626DC546BF51237E2719E0988832.2_cid285?__blob=publicationFile] (Zugang: 14. Juni 2016).

Greive, Martin (2016): Merkels Nebenregierung bei Kaminrunden, in: *Die Welt*, 18. Juni 2016, 4.

Hegele, Yvonne/ Behnke, Nathalie (2013): Die Landesministerkonferenzen und der Bund – Kooperativer Föderalismus im Schatten der Politikverflechtung, in: *Politische Vierteljahresschrift* 54 (1): 21-49.

Herbert, Ulrich (2001): *Geschichte der Ausländerpolitik in Deutschland. Saisonarbeiter, Zwangsarbeiter, Gastarbeiter, Flüchtlinge*, München: Verlag C.H.Beck.

Hoffmann, Josef/ Wisser, Michael (2012): Sachverständige Rechtsetzung: Die Ausschüsse des Bundesrates in der Gesetzgebung des Bundes, in: *Zeitschrift für Parlamentsfragen* 43 (3): 598-608.

Holtschneider, Rainer/ Schön, Walter (Hrsg.) (2007): *Die Reform des Bundesstaates. Beiträge zur Arbeit der Kommission zur Modernisierung der bundesstaatlichen Ordnung 2003/ 2004 und bis zum Abschluss des Gesetzgebungsverfahrens 2006*, Baden-Baden: Nomos.

Horst, Patrick (2014): Vetospieler Bundesrat? Die Länderkammer als Instrument der Opposition gegen die Regierung Merkel II (2009-2013), in: Jesse, Eckhard/ Sturm, Roland (Hrsg.): *Bilanz der Bundestagswahl 2013. Voraussetzungen, Ergebnisse, Folgen*, Baden-Baden: Nomos, 449-474.

Ismayr, Wolfgang (2009): Das politische System Deutschlands, in: Ismayr, Wolfgang (Hrsg.): *Die politischen Systeme Westeuropas*, 4., aktualisierte und überarbeitete Auflage, Wiesbaden: VS Verlag für Sozialwissenschaften: 515-565.

Ismayr, Wolfgang (2012): *Der Deutsche Bundestag*, Wiesbaden: Springer VS, 3., völlig überarbeitete und aktualisierte Auflage.

Jahn, Gerhard/ Herzog, Roman (1976): Fehlentwicklungen im Verhältnis von Bundesrat und Bundestag?, in: *Zeitschrift für Parlamentsfragen* 7 (3): 291-316.

Jun, Uwe (2010): Der Bundesrat im föderativen System Deutschlands: Vor und nach der Reform 2006, in: Klemens H. Schrenk/ Markus Soldner (Hrsg.): *Analyse demokratischer Regierungssysteme, Festschrift für Wolfgang Ismayr*, Wiesbaden: VS Verlag für Sozialwissenschaften: 335-358.

Jun, Uwe (2011): Der Bundesrat und die politischen Parteien: Mitwirkungs- oder Blockadeinstrument?, in: Jun, Uwe/ Leunig, Sven (Hrsg.): *60 Jahre Bundesrat. Tagungsband zum Symposium an der Friedrich-Schiller-Universität Jena vom 12. bis 14. Oktober 2009*, Baden-Baden: Nomos, 106-133.

Juve (2017): Patentwelt in Schockstarre: Unbekannter Kläger bremst UPC-Ratifizierung, in: *Juve. Neues aus dem Wirtschaftsanwaltsmarkt. Unabhängig. Aktuell. Exklusiv.*, 13. Juni 2017, [https://www.juve.de/nachrichten/verfahren/2017/06/patentwelt-in-schockstarre-unbekannter-klaeger-bremst-upc-ratifizierung?] (Zugang: 21. Juni 2018).

Katzenstein, Peter J. (1987): *Policy and Politics in West-Germany. The Growth of a Semisovereign State*, Philadelphia: Temple University Press.

Kilper, Heiderose/ Lhotta, Roland (1996): *Föderalismus in der Bundesrepublik Deutschland. Eine Einführung*, Opladen: Leske und Budrich.

Knaup, Horand (2017): SPD. Einer wird gewinnen, in: *Der Spiegel* 24, 10. Juni 2017: 25.

König, Thomas/ Bräuninger, Thomas (1997): Wie wichtig sind die Länder für die Politik der Bundesregierung bei Einspruchs- und Zustimmungsgesetzen?, in: *Zeitschrift für Parlamentsfragen* 28 (4): 605-628.

Krick, Eva/ von Blumenthal, Julia (2013): Regieren in der Politikverflechtung. Parteienwettbewerb und Verhandlungen in Deutschland, in: Karl-Rudolf Korte und Timo Grunden (Hrsg.): *Handbuch Regierungsforschung*, Wiesbaden: Springer VS, 287-295.

Kropp, Sabine (2010): *Kooperativer Föderalismus und Politikverflechtung*, Wiesbaden: VS Verlag für Sozialwissenschaften.

Kropp, Sabine/ Sturm, Roland (1998): *Koalitionen und Koalitionsvereinbarungen. Theorie, Analyse und Dokumentation*, Wiesbaden: Springer.

Laufer, Heinz (1970): Der Bundesrat als Instrument der Opposition? Eine Funktionsanalyse der Länderkammer unter den Bedingungen divergierender Mehrheitskonstellationen in Bundestag und Bundesrat, in: *Zeitschrift für Parlamentsfragen* 1 (3): 318-341.

Lehmbruch, Gerhard (1998): „A-Länder" und „B-Länder": Eine Anmerkung zum Sprachgebrauch, in: *Zeitschrift für Parlamentsfragen* 29 (2): 348-350.

Lehmbruch, Gerhard (2000): *Parteienwettbewerb im Bundesstaat. Regelsysteme und Spannungslagen im politischen System der Bundesrepublik Deutschland*, 3., aktualisierte und erweiterte Auflage, Wiesbaden: Westdeutscher Verlag.

Leithäuser, Johannes (2016a): Kretschmanns Gewichtsverlust, in: *Frankfurter Allgemeine Zeitung*, 17. Juni 2016, 4.

Leithäuser, Johannes (2016b): Links und rechts von der Steuer, in: *Frankfurter Allgemeine Zeitung*, 24. September 2016, 4.

Lennartz, Jürgen/ Kiefer, Günther (2014): Föderale Willensbildung auf Bundesebene. Die Koordinierung von Länderinteressen im Bundesrat, in: *Die Öffentliche Verwaltung* 5: 181-191.

Leonardy, Uwe (2002): Parteien im Föderalismus der Bundesrepublik Deutschland: Scharniere zwischen Staat und Politik, in: *Zeitschrift für Parlamentsfragen* 33 (1): 180-195.

Leunig, Sven (2011): Struktur und Funktion des Bundesrates im Vergleich föderaler Zweiter Kammern: von Beyme revisited, in: Jun, Uwe/ Leunig, Sven (Hrsg.): *60 Jahre Bundesrat. Tagungsband zum Symposium an der Friedrich-Schiller-Universität Jena vom 12. bis 14. Oktober 2009*, Baden-Baden: Nomos, 182-199.

Lhotta, Roland (2002): Konsens und Konkurrenz in der konstitutionellen Ökonomie bikameraler Verhandlungsdemokratie. Der Vermittlungsausschuss als effiziente Institution politischer Deliberation, in: Oberreuter, Heinrich/ Kranenpohl, Uwe/ Sebald, Martin (Hrsg.): *Der Deutsche Bundestag im Wandel. Ergebnisse neuerer Parlamentarismusforschung*, Wiesbaden: Westdeutscher Verlag, 2., durchgesehene und erweiterte Auflage, 93-117.

Lhotta, Roland (2003): Zwischen Kontrolle und Mitregierung. Der Bundesrat als Oppositionskammer?, in: *Aus Politik und Zeitgeschichte* 43, 20. Oktober 2003: 16-22

Mai, Manfred (2013): Regieren mit organisierten Interessen: Lobbyismus im Wandel, in: Karl-Rudolf Korte/ Timo Grunden (Hrsg.): *Handbuch Regierungsforschung*, Wiesbaden: Springer VS, 307-315.

Miethe, Uwe (2016): *Regionalisierungsmittel stehen endlich im Gesetz*, Initiative für eine zukunftsfähige Infrastruktur, 24. November 2016, [http://www.damit-deutschland-vorne-bleibt.de/Blickpunkt/Personenverkehr/Bus--Bahn/04406/Artikel/Regionalisierungsmittel-stehen-endlich-im-Gesetz/04256] (Zugang: 28. Juni 2018).

MPK-Beschluss (2015): *Besprechung der Bundeskanzlerin mit den Regierungschefinnen und Regierungschefs der Länder zur Asyl- und Flüchtlingspolitik am 24. September 2016*, [https://www.bundesregierung.de/Content/DE/_Anlagen/2015/09/2015-09-24-bund-laender-fluechtlinge-beschluss.pdf?__blob=publicationFile] (Zugang: 28. Juni 2018).

MPK-Beschluss (2016): *Besprechung der Bundeskanzlerin mit den Regierungschefinnen und Regierungschefs der Länder am 16. Juni 2016, TOP 4 – Bund-Länder-Finanzbeziehungen*, [https://www.rathaus.bremen.de/sixcms/media.php/13/20160616_TOP_4_BV_BLF.pdf] (Zugang: 28. Juni 2018).

Münch, Ursula (2013): Effektivität und Legitimation föderaler Regierungssysteme. Bewährungsproben und Perspektiven, in: Karl-Rudolf Korte/ Timo Grunden (Hrsg.): *Handbuch Regierungsforschung*, Wiesbaden: Springer VS, 197-205.

Nagel, Andre (2011): Die Einflussnahme der Ministerpräsidentenkonferenz auf Entscheidungen des Bundesrates, in: Jun, Uwe/ Leunig, Sven (Hrsg.): *60 Jahre Bundesrat. Tagungsband zum Symposium an der Friedrich-Schiller-Universität Jena vom 12. bis 14. Oktober 2009*, Baden-Baden: Nomos, 71-87.

Otto, Elmar (2015): Ramelow gegen Asylkompromiss: „Ich werde kämpfen wie ein Löwe", in: *Thüringische Landeszeitung*, 6. Oktober 2015, [https://www.tlz.de/web/zgt/politik/detail/-/specific/Ramelow-gegen-Asylkompromiss-Ich-werde-kaempfen-wie-ein-Loewe-1158512714] (Zugang: 28. Juni 2018).

Podschull-Wellmann, Silke (2013): *Die Tätigkeit des Vermittlungsausschusses in der siebzehnten Wahlperiode des Deutschen Bundestages. Achtzehnte zeitliche Übersicht mit Fundstellen, Schriftenreihe der Geschäftsstelle des Vermittlungsausschusses des Deutschen Bundestages und des Bundesrates*, Berlin, [http://www.vermittlungsausschuss.de/SharedDocs/auschuesse-termine/va/ergebnis/taetigkeit-17wp-titel-lang.pdf?__blob=publicationFile&v=4] (Zugang: 8. Juli 2016).

Podschull-Wellmann, Silke (2018): *Die Tätigkeit des Vermittlungsausschusses in der achtzehnten Wahlperiode des Deutschen Bundestages. Neunzehnte zeitliche Übersicht mit Fundstellen, Schriftenreihe der Geschäftsstelle des Vermittlungsausschusses des Deutschen Bundestages und des Bundesrates*, Berlin, [https://www.vermittlungsausschuss.de/SharedDocs/auschuesse-termine/va/ergebnis/taetigkeit-18wp-titel-lang.pdf?__blob=publicationFile&v=4] (Zugang: 21. Juni 2018)

Reus, Iris/ Zohlnhöfer, Reimut (2015): Die christlich-liberale Koalition als Nutznießer der Föderalismusreform? Die Rolle des Bundesrates und die Entwicklung des Föderalismus unter der zweiten Regierung Merkel, in: Zohlnhöfer, Reimut/ Saalfeld, Thomas (Hrsg.): *Politik im Schatten der Krise. Eine Bilanz der Regierung Merkel 2009-2013*, Wiesbaden: VS Verlag für Sozialwissenschaften, 245-272.

Reuter, Konrad (2007): *Praxishandbuch Bundesrat. Verfassungsrechtliche Grundlagen, Kommentar zur Geschäftsordnung, Praxis des Bundesrates*, Heidelberg et. al: C.F. Müller, 2., neu bearbeitete Auflage.

Rösler, Philipp (2009): Die „F-Koordinierung". Die Zusammenarbeit der FDP-regierten Länder im Deutschen Bundesrat, in: *Liberal: Debatten zur Freiheit* 51 (4): 12-16.

Roßmann, Robert (2013): Mehrheit im Bundesrat. Wie Rot-Rot-Grün die Kanzlerin nachhaltig fesselt, Ein Kommentar, in: *Süddeutsche Zeitung*, 22. Januar 2013, [http://www.sueddeutsche.de/politik/mehrheit-im-bundesrat-wie-rot-rot-gruen-die-kanzlerin-nachhaltig-fesselt-1.1579329] (Zugang: 14. Juni 2016).

Roßmann, Robert (2016): Zu bunt. Finanzminister Schäuble will das Grundgesetz ändern, um die angebliche Blockade-Macht des Bundesrats zu beschneiden, in: *Süddeutsche Zeitung*, 13. Oktober 2016: 6, [http://www.sueddeutsche.de/politik/foederalismus-zu-bunt-1.3202944] (Zugang: 18. Oktober 2016.)

Roßmann, Robert (2017): Jamaika-Koalition. Bunte Republik, in: *Süddeutsche Zeitung*, 29. September 2017, [http://www.sueddeutsche.de/politik/jamaika-koalition-bunte-republik-1.3687229] (Zugang: 8. Oktober 2017).

Rudzio, Wolfgang (2019): *Das politische System der Bundesrepublik Deutschland*, Wiesbaden: Springer VS, 10., aktualisierte und erweiterte Auflage.

Sattar, Majid/ Burger, Reiner/ Holl, Thomas (2012): „A-Länderrunde" der SPD. Currywurst statt Saumagen, in: *Frankfurter Allgemeine Zeitung* vom 20. November 2012, [http://www.faz.net/aktuell/politik/inland/a-laenderrunde-der-spd-currywurst-statt-saumagen-11965585.html] (Zugang: 16. Dezember 2016).

Scharpf, Fritz W. (1985): Die Politikverflechtungsfalle: Europäische Integration und deutscher Föderalismus im Vergleich, in: *Politische Vierteljahresschrift* 26 (4): 323-356.

Scharpf, Fritz W. (1989): Der Bundesrat und die Kooperation auf der „dritten Ebene", in: Bundesrat (Hrsg.): *Vierzig Jahre Bundesrat*, Baden-Baden: Nomos, 121-162.

Scharpf (2009): *Föderalismusreform. Kein Ausweg aus der Politikverflechtungsfalle?*, Frankfurt: Campus.

Scherf, Henning/ Bücker, Christian (2011): Der Vermittlungsausschuss: Stellung, Kompetenzen, Besetzung und Verfahren, in: Jun, Uwe/ Leunig, Sven (Hrsg.): *60 Jahre Bundesrat. Tagungsband zum Symposium an der Friedrich-Schiller-Universität Jena vom 12. bis 14. Oktober 2009*, Baden-Baden: Nomos, 134-148.

Schmedes, Hans-Jörg (2017a): Regieren im semi-souveränen Parteienbundesstaat. Die administrativen und politischen Koordinierungsstrukturen in der Praxis des deutschen Föderalismus, in: *Zeitschrift für Parlamentsfragen* 48 (4): 899-921.

Schmedes, Hans-Jörg (2017b): Zwischen Konkurrenz und Konkordanz: Der Vermittlungsausschuss von Bundestag und Bundesrat in Zeiten gegenläufiger Mehrheiten, in: Europäisches Zentrum für Föderalismus-Forschung (Hrsg.): *Jahrbuch des Föderalismus 2017. Föderalismus, Subsidiarität und Regionen in Europa*, Baden-Baden: Nomos, 279-294.

Schmidt, Thorsten Ingo (2012): § 22 Der Bundesrat. Geschichte, Struktur, Funktion, in: Härtel, Ines (Hrsg.): *Handbuch Föderalismus – Föderalismus als demokratische Rechtsordnung und Rechtskultur in Deutschland, Europa und der Welt*, Berlin/ Heidelberg: Springer-Verlag, 651-689.

Schrenk, Klemens H. (2010): Die Vertretungen der Länder beim Bund, in: Klemens H. Schrenk/ Markus Soldner (Hrsg.): *Analyse demokratischer Regierungssysteme, Festschrift für Wolfgang Ismayr*, Wiesbaden: VS Verlag für Sozialwissenschaften: 359-374.

Schwarze, Till (2014): *Asylkompromiss. Die Grünen fühlen sich von Kretschmann verkauft*, in: Zeit online, 19. September 2014, [https://www.zeit.de/politik/deutschland/2014-09/bundesrat-asyl-gruen-kretschmann-kritik/komplettansicht] (Zugang: 22. Juni 2018).

Siefken, Sven T. (2018): Regierungsbildung „wider Willen" – der mühsame Weg zur Koalition nach der Bundestagswahl 2017, in: *Zeitschrift für Parlamentsfragen* 49 (2): 407-436.

Soldt, Rüdiger (2014): Asylreform im Bundesrat. Der schwere Gang des Winfried Kretschmann, in: *Frankfurter Allgemeine Zeitung*, 19. September 2014, [http://www.faz.net/aktuell/politik/inland/asylreform-im-bundesrat-der-schwere-gang-des-winfried-kretschmann-13163024.html?printPagedArticle=true#pageIndex_0] (Zugang: 19. September 2018).

Steffani, Winfried (1962): Gewaltenteilung im demokratisch-pluralistischen Rechtsstaat, in: *Politische Vierteljahresschrift* 3 (3): 256-282.

Steffani, Winfried (1997): *Gewaltenteilung und Parteien im Wandel*, Wiesbaden: Springer Fachmedien Wiesbaden GmbH.

Strohmeier, Gerd (2004): Der Bundesrat: Vertretung der Länder oder Instrument der Parteien?, in: *Zeitschrift für Parlamentsfragen* 35 (4): 717-731.

Strünck, Christoph (2012): § 26 Parteienwettbewerb und Politikverflechtung: Strukturprobleme des deutschen Föderalismus aus politikwissenschaftlicher Perspektive, in: Härtel, Ines (Hrsg.): *Handbuch Föderalismus – Föderalismus als demokratische Rechtsordnung und Rechtskultur in Deutschland, Europa und der Welt*, Berlin/ Heidelberg: Springer-Verlag, 3-18.

Sturm, Daniel Friedrich (2013): Mächtiges Gremium. Wie die „Kraft-Runde" rot-grüne Politik dirigiert, in: *Die Welt*, 31. August 2013, [https://www.welt.de/politik/deutschland/article113143993/Wie-die-Kraft-Runde-rot-gruene-Politik-dirigiert.html] (Zugang: 23. Oktober 2018).

Sturm, Roland (2006): Die Länder in der deutschen und europäischen Mehrebenenpolitik, in: Schneider, Herbert/ Wehling, Hans-Georg (Hrsg.): *Landespolitik in Deutschland. Grundlagen – Strukturen – Arbeitsfelder*, Wiesbaden; VS Verlag für Sozialwissenschaften, 23-49.

Sturm, Roland (2014): Die Regierungsbildung nach der Bundestagswahl 2013: lagerübergreifend und langwierig, in: *Zeitschrift für Parlamentsfragen* 45 (1): 207-230.

Sturm, Roland/ Müller, Markus M. (2013): Blockadepolitik in den Ausschüssen des Bundesrates – Offene Fragen und erste Antworten, in: Europäisches Zentrum für Föderalismus-Forschung Tübingen (Hrsg.): *Jahrbuch des Föderalismus 2013. Föderalismus, Subsidiarität und Regionen in Europa*, Baden-Baden: Nomos, 142-154.

Stüwe, Klaus (2004): Konflikt und Konsens im Bundesrat. Eine Bilanz (1949-2004), in: *Aus Politik und Zeitgeschichte* 50-51, 6. Dezember 2004: 25-32.

Träger, Hendrik (2013): Das Scheitern des Steuerabkommens mit der Schweiz. Warum versagte der Bundesrat zweimal seine Zustimmung, und was müsste bei neuen Verhandlungen beachtet werden?, in: *Zeitschrift für Politik* 60 (2), 162-181.

Vermittlungsausschuss (2016): Vermittlungsausschuss – Termine und Ergebnisse in der 17. Wahlperiode, [http://www.vermittlungsausschuss.de/VA/DE/archiv/to-archiv/17wp/termine-va-17wp-node.html] (Zugang: 6. Dezember 2016).

Vermittlungsausschuss (2018): Vermittlungsverfahren in der 18. Wahlperiode, [https://www.vermittlungsausschuss.de/VA/DE/archiv/bv-va-archiv/bv-va-archiv-node.html;jsessionid=75F4E847DA73B968C863065D10D4D8EE.1_cid349] (Zugang: 13. Februar 2018).

Voßkuhle, Andreas (2012): Die Rolle der Länderparlamente im europäischen Integrationsprozess, in: Landtag von Baden-Württemberg (Hrsg.): *Festsitzung des Landtags von Baden-Württemberg aus Anlass des 60. Jahrestags der Gründung des Landes Baden-Württemberg*, 24-37, [https://www.landtag-bw.de/files/live/sites/LTBW/files/dokumente/informationsmaterial/Dokumentation_60_Jahre_2012.pdf] (Zugang: 28. September 2016).

von Bebenburg, Pitt (2015): Asylpolitik. Grüne billigen „sichere Herkunftsstaaten", in: *Frankfurter Rundschau*, 25. September 2015, [http://www.fr.de/politik/flucht-zuwanderung/asylpolitik-gruene-billigen-sichere-herkunftsstaaten-a-423212] (Zugang: 22. Juli 2018).

von Beyme, Klaus (2017): *Das politische System der Bundesrepublik Deutschland. Eine Einführung*, Wiesbaden: Springer VS, 12., aktualisierte und erweiterte Auflage.

von Blumenthal, Julia (2010): *Föderalismus als Chance*, Antrittsvorlesung 12. Juli 2010, Humboldt-Universität zu Berlin, Philosophische Fakultät III, Institut für Sozialwissenschaften, [http://edoc.hu-berlin.de/humboldt-vl/170/von-blumenthal-julia-3/PDF/von-blumenthal.pdf] (Zugang: 8. Juli 2016).

von Winter, Thomas (2014): Reichweite und Grenzen des Interessengruppeneinflusses auf politische Entscheidungen, in: *Information. Wissenschaft & Praxis* 65 (3): 177-184.

Wehner, Markus (2014): Kein Applaus im Herrenhaus, in: *Frankfurter Allgemeine Sonntagszeitung*, 12. Oktober 2014, 11.

Wollmann, Hellmut (1991): Vierzig Jahre alte Bundesrepublik zwischen gesellschaftlich-politischem Status quo und Veränderung. Zwischenbilanz einer politikwissenschaftlichen Diskussion, in: Blanke, Bernhard/ Wollmann, Hellmut (Hrsg.): *Die alte Bundesrepublik. Kontinuität und Wandel*, Leviathan Sonderheft 12/ 1991, Opladen: Westdeutscher Verlag, 547-576.

Zeitfracht Medien GmbH
Ferdinand-Jühlke-Straße 7
99095 Erfurt, Deutschland
produktsicherheit@kolibri360.de